D1747052

Katharina Schmidt

DAS GIBT ES NICHT
GIBT ES NICHT
Alles eine Frage des Bewusstseins

Begegnungen der besonderen Art
Meine abenteuerliche Reise durch spirituelle Welten

Katharina Schmidt

DAS GIBT ES NICHT GIBT ES NICHT

Alles eine Frage des Bewusstseins

Begegnungen der besonderen Art
Meine abenteuerliche Reise durch spirituelle Welten

1. Auflage 2015
© Katharina Schmidt

ISBN: 978-3-7347-4196-8

Die Deutsche Nationalbibliothek verzeichnet diese Publikation
in der Deutschen Nationalbibliografie; detaillierte bibliografische Daten
sind im Internet über www.dnb.de abrufbar.

Umschlaggestaltung und Satz: Marion Musenbichler, Triesenberg, www.layart.li
Umschlagbilder: © Petra Werling, Hintergrundbild: fotolia.com/irina_katunina

Herstellung und Verlag: BoD – Books on Demand, Norderstedt
Made in Germany

Inhaltsverzeichnis

Vorwort 9

Meine Herkunftsfamilie 11

Wer sucht, der findet – Meine innere Reise beginnt:
Einweihung in Transzendentaler Meditation
nach Maharishi Mahesh Yogi 16

Shri Sathya Sai Baba und Erlebnisse in Indien 20

Die Zeit der Gruppe sowie Bungee-Jumping
und Fallschirmspringen 32

Aufgestiegene Meister und Heiler in Brasilien 34

Die Begegnung mit Daskalos auf Zypern
und der Scheich Naziin 37

Indianer Black Elk Wallis – eine andere Welt 42

Phänomene im Odenwald 43

Tibetische Medizin 47

Heilige Frauen – Mutter Meera und Amma 49

Reise nach Amerika – Erscheinung von Shri Ranjit Maharaj
in der Gnaden-Kirche in San Francisco 52

Shri Anandamayi Ma-Ashram auf Big Island/Hawaii 54

Gangaji und Eli auf Maui/Hawaii 58

Puja im Ashram des indischen Meisters
Shri Ramana Maharshi am Arunachala
in Tiruvannamalai 59

Zwei Ashrams von Shri Bala Sai Baba in Kurnool und Hyderabad	64
Hilfsmittel in der Praxis	66
Ägypten – Reise in die Vergangenheit	68
Mysteriöse Beweise von russischen Wissenschaftlern und anderen	74
Erfahrungen mit Mario Mantese – Meister M	76
Heilungen bei Joao de Deus mit dem Regisseur Clemens Kuby	78
Schamanentreff in Kaufbeuren	80
Shri Vishwananda ursprünglich aus Mauritius	84
Swami Gurusharanananda und Archarya Mangalananda von Omkareshwar	86
Byron Katie mit „The Work"	87
Karim Abedin und Erkenntnisse aus der Non-Dualität	88
Koma nach Schilddrüsenoperation	93
Freddy Wallimann, geistiges Heilen und Numerologie	100
Planeten und Himmelsebenen	103
Begegnungen der besonderen Art	110
Glossar	122
Literaturverzeichnis	124

Dieses Buch widme ich meinem geliebten Sohn Hans Jörg

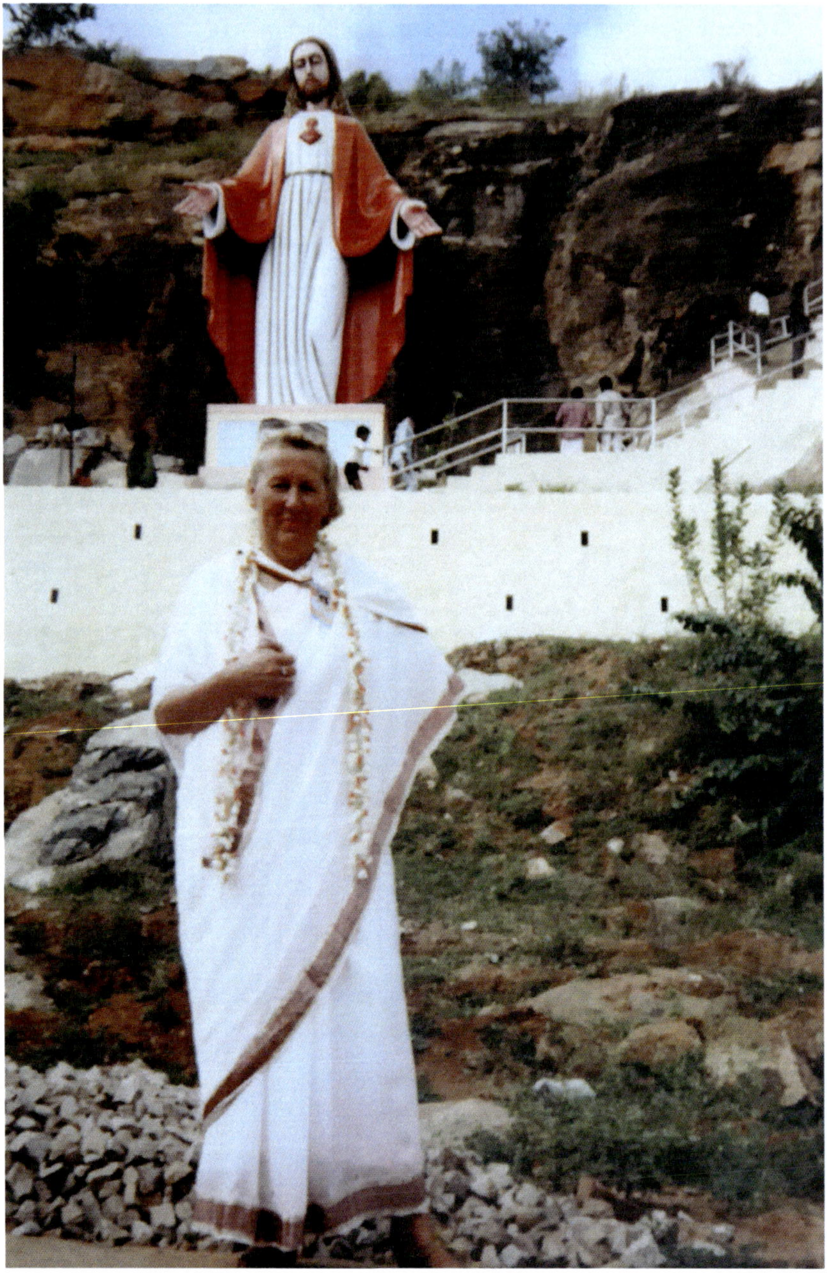

Vorwort

Schreiben wollte ich eigentlich nie – ein Buch veröffentlichen!? Immer wieder wurde ich aufgefordert, meine Erlebnisse bei den großen Heilern und Heiligen der Welt niederzuschreiben und damit an die Mitmenschen weiterzugeben. Vor kurzem erfuhr ich von einer Seelenkennerin, dass ich deshalb noch hier wäre. Sie erklärte mir an einem Beispiel: „Eine Tomate ist erst grün, dann orange, dann schließlich knallrot und reif". Man sollte sie dann pflücken, sie hat schon lange genug gewartet, sie will gepflückt werden, sonst wird sie nutzlos, hat umsonst gelebt und fault. Na, wenn das alles so einfach wäre!!!

Wir lebten in einer Kleinstadt in der Nähe von Düsseldorf. Ich hatte mehrere ungewöhnliche Gaben mit in die Wiege bekommen. Eine davon war, dass ich hellsichtig war. Diese Prägung begleitete mich mal mehr und auch weniger durch mein Leben. Ebenso wusste ich viel über Planeten und mich interessierte schon in der Jugend Heilung, Medizin, Zahlen, warum Unerklärliches geschieht, warum es arm und reich gab, Licht und Dunkelheit. Ich wollte einfach alles wissen! Der Sinn des Lebens beschäftigte mich sehr! Ich hätte gerne Medizin studiert, aber die äußeren Umstände ließen es nicht zu.

Immer wieder begegnete ich außergewöhnlichen Menschen, und dann begann die Zeit der großen Reisen zu großen Persönlichkeiten und Lehrern in Indien, Ägypten, USA, Zypern, Brasilien, Hawaii-Inseln zu Indianern und

Afrikanern. Ich bekam oft Eingebungen mit Daten und musste dann reisen. Ich erlebte Außergewöhnliches und die Meditation war Bestandteil meines Lebens. Ich lernte mit Gruppen vieles kennen.

Sport war auch ein Hobby von mir. 15 Jahre lang spielte ich Tennis in einer Mannschaft und im Alter von 23 oder 24 Jahren machte ich meine Jägerprüfung. Im Alter von 56 Jahren erfüllte ich mir einen Traum mit Fallschirmspringen in Kassel-Kalden. Dann eroberte ich das Bungee-Springen in Deutschland. In Frankfurt am Fernsehturm wagte ich mit 60 auch einen Sprung!

Zwischendrin hielt ich Vorträge über Bewusstseinserweiterung, Astrologie, Chakren, Bachblüten und hatte drei Life-Sendungen in Neustadt mit Psychologen und Astrologen über Astro-Medizin und ihre Ursachen.

Ich wohnte 27 Jahre mit meinem Mann und Sohn in Stemwede-Levern in Ostwestfalen. Ich half bei Blutspende-Terminen und begleitete Mitarbeiter vom Gesundheitsamt in Lübbecke bei der Beratung von Müttern in den Dörfern und half bei anderen sozialen Einrichtungen.

Als ich meine Heilpraktiker-Prüfung in Minden ablegte, wurde mir eine Praxis in Mannheim angeboten. Dieses Angebot nahm ich an. Mein Wunsch, Menschen helfen zu dürfen, erfüllte mich sehr. Aber auch an mir gingen die Krankheiten nicht vorbei. Ich hatte zehn große Operationen und sechs Jahre lang Krebs. Ich lag neun Tage im Koma und bin in meinem Leben zweimal fast verblutet und war schon auf der anderen Seite. Ich bin dem Himmel sehr dankbar, dass ich noch hier sein darf, und möchte auch anderen Menschen Mut machen; denn eine größere Macht existiert, nennen Sie es Gott, Licht, Energie.

Das habe ich in meinen schlimmsten Zeiten immer wieder erfahren! Ich bin glücklich, noch hier sein zu dürfen!

Meine Herkunftsfamilie

Geboren wurde ich Mitte der 30er Jahre als zweites Kind einer rheinischen Familie mit Metzgereibetrieb. Bei uns war immer was los. Meine Eltern waren christlich und sehr liebevoll und auch tierlieb. Eigentlich wollte mein Vater Architekt, also auch kein Metzger werden. Als mir als kleines Kind bewusst wurde, wo ich hinein geboren worden war, bekam ich den ersten großen Schock! Bei uns wurden Tiere geschlachtet; jede Woche und ich habe das Quietschen und Muhen ständig gehört. Ich war sehr sensibel und deshalb bekam ich auch die Angst der Tiere mit. Die Schizophrenie des Schlachtens von Tieren verstand ich nicht. Ich weinte sehr und lief oft von zu Hause weg.

In meiner Kindheit sprach ich mit den Wolken, mit der Sonne, mit dem Himmel, denn ich vermutete, dass Gott und die Engel dort wohnten. In den kalten klaren Winternächten schaute ich oft aus dem Fenster, sah die Unendlichkeit des Sternenhimmels und wollte einfach nur „nach Hause". Meine Eltern waren zumeist ratlos und meinten, ich sei vielleicht in der Klinik vertauscht worden; so wenig passte ich in eine Metzgersfamilie! Sie sprachen mit Engelszungen, ich möge doch ein Stückchen Fleisch essen – aber ich brachte es einfach nicht runter!

Bedingt durch den Zeitpunkt meiner Geburt erlebte ich den Zweiten Weltkrieg und eine Zeit, in der es oft nicht genug zu essen gab und man appellierte deshalb an meine kindliche Vernunft.

Dann bemerkte ich bei mir eine sonderbare *Gabe, denn ich war teilweise hellsichtig.* Ich sah besondere Dinge: Naturgeister.

Sicher war ich kein ängstliches Kind. Fliegerangriffe beeindruckten mich und Gewitter fand ich toll; es gefiel mir, wenn es so richtig blitzte und donnerte. Meine Schwester verging fast vor Angst und ich fand es einfach spannend und aufregend, und ich brauchte nicht ins Bett zu gehen. Im Bunker trafen wir andere Kinder und wir spielten zusammen. Den Ernst der Lage begriff ich einfach nicht. Ich sah aber auch in unserem Geschäft Menschen, die bald sterben würden und erzählte dies meiner Mutter. Sie war entsetzt und verbot mir darüber zu sprechen. Als ich acht Jahre alt war, wurde während eines Fliegerangriffs mein Bruder geboren. Trotz der Umstände war die Geburt für meine Eltern eine helle Freude, endlich „ein Stammhalter".

Meine Schwester und ich waren mit einem Altersunterschied von nur eineinhalb Jahren auseinander. Ich spielte mit Puppen, sie war einfach oft nur müde. Nach einer Masernerkrankung wurde mein Bruder sehr krank. Er bekam eine seltene Krankheit, genannt Perths. Er lag fast vier Jahre nur auf dem Rücken in Gips oder in Streckverbänden. Anstatt wie andere Kinder zur Schule zu gehen wurde er im Bett unterrichtet.

Meine Großmutter lebte bei uns. Sie war in Köln „ausgebombt" worden und nun für uns Kinder da. Sie betete immer ausführlich und sehr lange mit uns. Wir beteten für die Witwen und Waisen, für die Hinterbliebenen und für die Gefangenen. Wir fragten, wer diese Personen seien, jedoch gab sie keinen Kommentar dazu. Na ja!

Dann sollte meine Schwester auf eine Internatsschule. Für meine Schwester ging das eine Weile gut. Dann bekam sie großes Heimweh und musste wieder nach Hause.

Weihnachten nahte wieder und wir Kinder waren alle krank. Mein Bruder in Gips, meine Schwester hatte schwere Grippe und ich doppelseitige Mittelohrentzündung. Wir lagen alle im Bett. Es war sehr traurig. Mein Vater sagte: „Wir werden alle im Krankenhaus auch mit vollständigem Blutbild untersuchen lassen. Ich bin es jetzt leid!"

Die Ergebnisse kamen: Ein Schock für uns alle! Meine Schwester hatte Leukämie, die nicht zu heilen war! Es wurden in Kliniken Blutübertragungen und Tiefenbestrahlungen vorgenommen. Schweizer Spezialisten wurden zu Rate gezogen, die Ernährung wurde umgestellt, aber nichts davon half. Im Mai, zum Muttertag, verstarb meine Schwester, mein Bruder lag in Düsseldorf im Hospital. Meine Schwester war ein halbes Jahr krank gewesen. Schon lange vorher hatte ich den Tod meiner Schwester mit 16 Jahren bis in alle Einzelheiten gesehen und ebenso die Beerdigung.

Ich hatte Gott angefleht, mir diese Bilder zu nehmen! Vergebens. Die Bilder und die Gabe blieben.

Ich hatte keine Angst vor Einbrechern und den Angriffen der Alliierten, nur die Bilder in meinem Kopf ließen mir keine Ruhe. Meine Eltern schickten mich nun auch ins Internat, nach Münster. Endlich kam ich weg vom Schlachten und dem Geruch nach Fleisch und Blut.

Es war ein schönes Internat. Ich traf viele nette Mädchen mit denen ich heute noch Kontakt habe. Da ich nur wenig Angst hatte, auch nicht vor Vorgesetzten, aber trotzdem Respekt hatte, wählte man mich auch zur Klassensprecherin. Im Kloster geht es ja sehr diszipliniert und ordentlich zu.

Manchmal konnte ich meinen Mund nicht halten, dann wurde ich zur Oberin gerufen. Nur weil ich gesagt hatte: Gott hat keinen getrennten Himmel für Katholiken, Protestanten, Juden und so weiter. Er ist für mich nur Liebe und straft auch nicht. Mit Ach und Krach durfte ich auf der Schule bleiben, aber für die Nonnen war ich eine Revoluzzerin. Ich hatte einen Cousin, der Priester war, und einen Onkel, der beste Freund meines Vaters, der ebenfalls Pfarrer war.

Nachdem ich die Schule beendet hatte, wollte ich studieren. Aber es kam anders. Stattdessen wurde ich in das elterliche Geschäft gesteckt. Es fiel mir sehr schwer, das Fleisch anzufassen, Menschen zu bedienen machte mir jedoch Spaß. Ich blieb gezwungenermaßen. – Was sollte ich auch machen?

Mit 21 Jahren hatte ich meinen ersten Freund, ich war so etwas wie „eine Spätlese". Wir waren beide gleich alt und nach zwei Jahren wollten wir das letzte Geheimnis erforschen. Es war sehr ernüchternd, wegen „so was" sollte ich heiraten, nein danke!

Daraufhin wanderte mein Freund nach Australien aus, wo er heute noch mit großer Familie lebt.

Mit meiner Freundin fuhr ich öfters in Urlaub, auch zum Wintersport. Dort lernte ich meinen künftigen Ehemann kennen. Er war Reiseleiter und studierte Jura. Nach kurzer Zeit wurde ich schwanger, wir heirateten und mein Mann studierte dann auf die Schnelle „Lehramt". Sein Landschulpraktikum verbrachte er in Stemwede. Wir zogen dorthin. Danach studierte er in Duisburg fertig. Mein Mann kam alle vier Wochen zu Besuch. In der übrigen Zeit war ich mit meinem Kind und meiner Nachbarschaft alleine.

Wir wohnten auf dem „flachen Land". Ich hatte ein Fahrrad mit Körbchen für meinen Sohn, kein Radio, keinen Fernseher, nur weites Land und reine Natur um mich herum und viele Bücher. Direkt neben uns wurde ein großer Reitplatz errichtet und später eine Tennisanlage.

Nach zweieinhalb Jahren hatte mein Mann sein Staatsexamen und eine Stelle als Lehrer hier in unserer Nähe. Später wurde er Rektor an einer größeren Schule;

auch in der Nähe. Ich begann Tennis zu spielen und setzte mich für soziale Belange ein. Mit dem Gesundheitsamt unserer Kreisstadt machte ich monatliche Mütterberatung. Zwanzig Jahre lang begleitete ich Impftermine und Blutspende-Termine beim Roten Kreuz. Das hat mich sehr ausgefüllt, denn ursprünglich wollte ich ja Medizin studieren.

Nach einiger Zeit spielte ich in der Mannschaft Tennis. Die Bewegung tat mir gut. Das Tennisspielen bereitete mir große Freude, denn ich hatte sehr nette Freundinnen.

Doch irgendetwas fehlte mir!

Wer sucht, der findet – Meine innere Reise beginnt: Einweihung in Transzendentaler Meditation nach Maharishi Mahesh Yogi

Eine Freundin erzählte mir, dass sie bei einem indischen Meister Meditationen lernte. Sie kannte einen Praktizierenden, also Schüler von ihm, der dieses Wissen auch vermitteln konnte. Also fuhren wir öfter zu diesem Zentrum. Bald sollte die Einweihung und zwar in transzendentaler Meditation nach Maharishi Mahesh Yogi erfolgen. Diese Technik wird TM genannt. Die Einweihung und ein Mantra speziell für den Schüler kostete damals 300 DM. Einige Utensilien sollten wir zur Zeremonie mitbringen.

Meinem Mann konnte ich dies ja nicht erzählen. Also ersparte ich mir meine Einweihung vom Haushaltsgeld! Ich bekam mein Mantra. Es war ein Klanggebilde. Täglich sollte man das Mantra wiederholen, fünfzehn Minuten oder auch länger. Das Wort ergab keinen Sinn, sodass man darüber nicht nachdachte.

Ich setzte mich aufrecht, mit geradem Rücken mit einer Kerze ins Wohnzimmer, schloss die Augen und wiederholte ständig das Wort (Klanggebilde): „Mein Mantra". Nach einigen Wochen Übung wurde es um mich und drum herum ganz hell wie Sonnenschein, ich saß im Licht als hätte jemand den Schalter umgedreht! Da ich nicht wusste, was das Mantra bedeutete, fragte ich mich, was das Wort anrichtet.

Es kamen viele Fragen auf. Sollte ich doch einfach auf eine Form von Gott meditieren? Wer oder was ist Gott?

Ist er nur Licht und Energie? Viele Menschen versuchen, es herauszufinden und benennen Gott in ihrer Religion mit verschiedenen Namen. Ist denn alles wirklich eins? Für mich gibt es immer nur einen Gott oder Schöpfer. Für mich gibt es nur einen, egal wie er heißt. Das hatte ich für mich herausgefunden und trotzdem ist und bleibt GOTT ein großes Mysterium. Das sollte ich oft erfahren.

Eine andere Freundin hatte seinerzeit große Schwierigkeiten in ihrer Ehe. Wir suchten eine Seherin in Krefeld auf. Ich war erstaunt, dass Mönche und Priester ebenfalls dort warteten. Meine Freundin bat mich, mit reinzukommen. Sie war mit einem Chefarzt verheiratet, der sehr dem Alkohol zugeneigt war, handgreiflich wurde und sie oft sehr verletzte.

Die Seherin hieß **Käthe Nießen,** geb. Höges, (Prophezeiungen zum Weltgeschehen, *19.08.1927 † 31.07.2012). Sie war sehr bekannt und ihre Aussagen waren sehr treffend! Nun schaute sie mich an und sagte: „Sie versprechen mir jetzt, Heilpraktikerin zu werden. Es gibt vielleicht nur zehn gute von hundert. Du aber gehörst zu den zehn Besten!"

Von da an begann für mich ein anderes Leben. Der Gedanke doch noch etwas Medizinisches und damit etwas für Menschen tun zu können, ließ mir keine Ruhe. In Düsseldorf fand ich eine Fachschule und hatte auch Zugang zur Anatomie an der Universität Düsseldorf. Über einen Zeitraum von drei Jahren fuhr ich meist am Wochenende ins Rheinland und besuchte dann spezielle Kurse in Duisburg und in Düsseldorf und traf viele interessante Menschen und Lehrer in dieser Region.

Das ging drei Jahre so. Dann machte ich ein Praktikum bei zwei verschiedenen Heilpraktikern. Einer davon war sehr modern: mit Kirlian-Fotografie, Elektroakupunktur, Ausmessen von Medikamenten. Der andere arbeitete mit Neuraltherapie und Injektionen. Es war eine gute Mischung, um verschiedene Behandlungsmethoden kennenzulernen. Ich machte Fußreflexzonenmassagen, Antlitz-Diagnostik, Bachblütentherapie, Augen-Diagnose und Astro-Medizin. Astrologie war von Kind an mein Hobby gewesen. Es lag mir einfach. Dann machte ich meine Prüfung zur Heilpraktikerin beim Gesundheitsamt vor einem Amtsarzt und Beisitzern. Es war nicht einfach, aber ich habe bestanden! Nun wollte ich natürlich auch anfangen zu praktizieren!

Mein eigenes Leben begann.

Mein Mann wollte nicht, dass ich mit dieser Ausbildung beginne. Mein Sohn war schon im Studium. Er sagte, „meine Mama wird das machen und wenn ich Steine klopfen muss!" So bekam ich doch die finanzielle Unterstützung vom Ehemann.

Meine Ehe war allerdings nicht die beste und nach 27 Ehejahren wurde ich geschieden. Ich wollte nicht im Norden Deutschlands bleiben und bekam ein Angebot nach Mannheim zu kommen. Ein Heilpraktiker wollte sich verändern und eine größere Praxis eröffnen und fragte mich, ob ich in seine Praxis einsteigen wolle. So kam ich in südliche Gefilde. Anfangs kamen ganz wenige Patienten, denn mich kannte ja niemand. Der Himmel wollte aber, dass ich blieb! Ich hatte eine kleine Wohnung und musste täglich mit dem Fahrrad in die Praxis fahren. Mit der Zeit lief es dann immer besser.

Es waren ungefähr zwei Jahre vergangen, und ich fühlte mich matt und müde. Ich ging zum Arzt und zum Gynäkologen, der Unterleibskrebs diagnostizierte. Man riet mir zu sofortiger Operation. Ich verstand die Welt nicht mehr. Ich fragte Gott, was das sollte. Hatte ich etwas falsch gemacht? Gerade jetzt, wo meine Praxis besser lief. Ich war verzweifelt, Antwort gab es nicht und ich wehrte mich und dachte, dass alles ein böser Traum sei! Man kann das Leben nur rückwärts verstehen, aber man muss vorwärts leben. Sollte das alles gewesen sein, fragte ich mich. Mein Verstand ackerte nur so!

Ich fand einen wunderbaren Professor und Arzt. Ich lag Stunden unter dem Messer. Ich ließ das Leben an mir vorübergehen.

Die Genesung dauerte lang, aber das Leben wurde wieder bunt.

Shri Sathya Sai Baba und Erlebnisse in Indien

Eineinhalb Jahre bevor die Krankheit ausbrach, traf ich eine weise Frau. Mit ihr meditierten wir immer die ganze Nacht durch zu Neumondnächten. Sie hieß Dina Rees. Sie war viel gereist, bei Meistern in China gewesen, hatte sogenannte Einweihungen und es hing in ihrem Raum auch ein großes Bild von Shri Sathya Sai Baba, der von seinen zahlreichen Anhängern als Avatar, als Inkarnation Gottes verehrt wurde. Sie erzählte spannend über diesen Mann und riet uns, ihn doch in Indien zu besuchen. Meine Freundin war Feuer und Flamme, ich aber sehr skeptisch. Was sollte ich da?

Mein Herz hing an Christus und ich war auch christlich erzogen worden. Ich erinnerte mich an einen Advent. Ich schlief und es weckte mich ein sehr helles Licht. Wer hatte es mitten in der Nacht angeknipst? Ich kam langsam zu mir und am Ende des Strahls stand Jesus mit ausgebreiteten Armen und sprach: „Habt keine Angst, ich bin immer da, ich liebe Euch alle!" Zuerst war ich erschrocken und dann aber unendlich glücklich. Dies geschah in jener Nacht dreimal.

Morgens erzählte ich meinem Mann die Geschichte und er meinte, dass ich schon immer schwache Nerven hatte.

Zwanzig Jahre später schickte mir ein Freund eine Postkarte von dem spirituellen Maler Hans Georg Leiendecker mit Jesus in derselben Erscheinung, wie ich ihn damals gesehen hatte. Dieses Bild steht seither in meinem Wohnzimmer.

Mit der ersten Indienreise ließ ich mir noch etwas Zeit und bat Gott, mir doch ein Zeichen zu geben. Ich bekam drei Träume dazu. Die Reiseroute, ein Elefanten-Mandala und die Adresse und ein Bild von einem Mann namens Shri Shirdi Sai Baba, der mich anlächelte. Das erste Buch, das ich von Shri Sathya Sai Baba geschenkt bekam, trug auf der letzten Seite das Angesicht von Shri Shirdi Sai Baba, der in allen Religionen Indiens als Avatar verehrt wird.

Nun musste ich reisen.

Das war vor 28 Jahren und Indien war für mich ein unbekanntes Land. Meine Freundin und ich buchten die Tour gemeinsam. Zuerst ging es nach Bombay, heute Mumbai genannt. Ein fremdartiger Geruch kam uns entgegen, es roch für unsere Nase nicht gut und ich sagte laut zu mir: Trotzdem bin ich endlich wieder zu Hause. Wie soll man das verstehen?

Wir mussten auf den nationalen Flughafen umsteigen und flogen weiter nach Bangalore. Dort angekommen war es dunkel, die Sterne erschienen leuchtend und doppelt so groß wie in Europa; man hätte sie pflücken können. Wir konnten nicht richtig übernachten, sondern ruhten uns etwas aus und morgens um vier Uhr fuhren wir mit einem Taxi viereinhalb Stunden nach Puttaparthi, dem Sitz von Shri Sathya Sai Baba.

Als wir ankamen saßen Hunderte im Tempelgelände auf dem Boden, erwartungsvoll die Blicke auf den Avatar gerichtet, als er an ihnen vorbeiging, ihre Briefe entgegennahm, sie segnete und mit einigen sprach und in kleinen Gruppen zum „Interview" bat. Wir sahen das aus der Ferne. Unser Fahrer zeigte uns viele Gebäude, wie große Versammlungshallen, Sportplätze, Rundhäuser, Kantinen und Anmeldungsräume. Es waren Menschen hier aus aller Herren Länder. Wir mussten warten bis das Singen und der sogenannte Darshan (das Erscheinen des Meisters) zu Ende war. Es gab auch eine Post, Verwaltungsgebäude, eine Bäckerei und kleine Geschäfte im Ashram, wie man die Anlage nennt. Alles war blitzsauber, ruhig, still und auch die Menschen sprachen leise. In unserem Tempelgelände waren keine Schuhe erlaubt. Männer und Frauen waren getrennt. Die Frauen kleideten sich mit langen Gewändern und Hosen, die Brust mit einem Schal bedeckt oder trugen Saris aus wunderbaren Stoffen. Die Männer waren zumeist in weißen Hosen mit einem langen Hemd bekleidet.

Der Avatar kam im langen, orangefarbenen Gewand. Orange, die Farbe der Erde – dafür arbeiten die Avatare ja auch! Die Architektur war wunderschön verziert mit Lotus, Elefanten, Blüten und alles in den Farben hellgelb, rosa und hellblau. Es war eine andere Welt. Wie ein Zuckerbäckerland sah alles aus. Es roch nach Räucherwerk.

Eine saubere, orientalische, zauberhafte neue Welt tat sich auf! Ich war gespannt! Wir meldeten uns an und ein alter indischer Mann wies uns einen Raum im Rundhaus II an. Eine besondere Architektur empfing uns mit im Kreis gebauten Häusern mit wunderbarem Innenhof, atriumartig mit blühenden Bäumen und Pflanzen angelegt, zwei Etagen hoch. Wir suchten die Zimmernummer, öffneten die Tür und fanden einen eingerichteten Raum mit einer Bewohnerin vor. Diese war wohl erschrocken, als wir eintraten.

Es war eine Amerikanerin. Sie hatte den Raum käuflich erworben und es müsste ein Irrtum vorliegen. Sie ging zur Anmeldung und wollte die Zimmerauswahl reklamieren, aber der Verwalter der Zimmer ließ keinen Zweifel aufkommen. Es sei so gewollt! Man hatte uns vorher gewarnt, dass die Wohnverhältnisse sehr primitiv seien, kein Bett, kein Schrank, keine Sitzgelegenheit und oft bis zu 80 Personen in einem großen Raum. Platz scheint bei den vielen Menschen

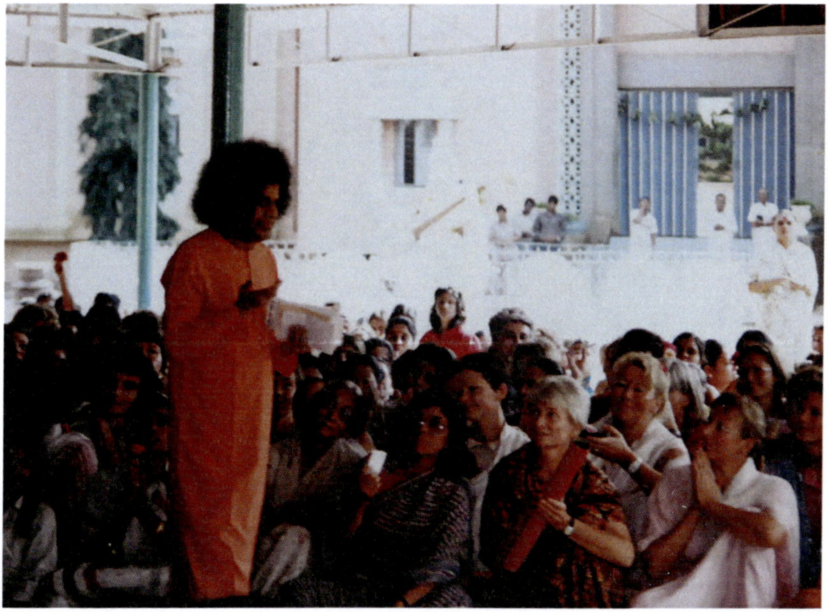

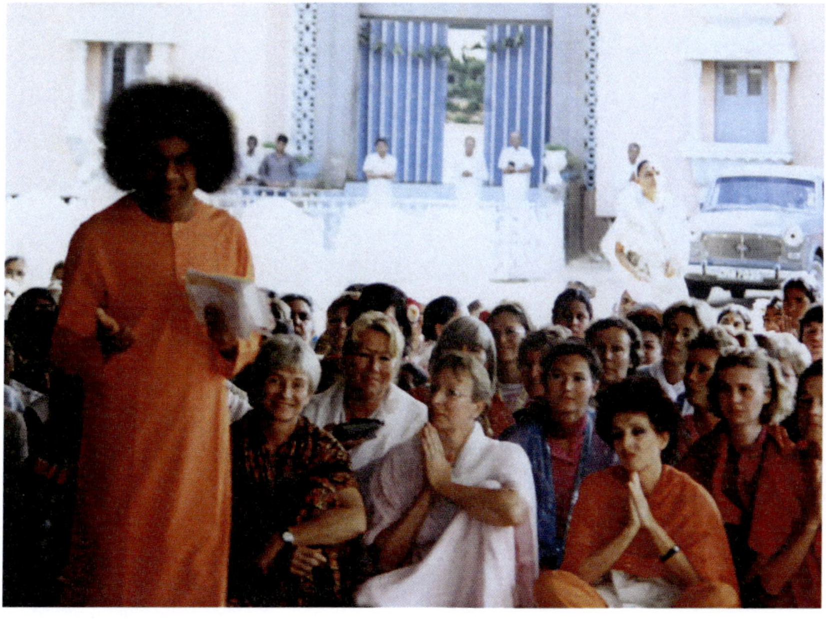

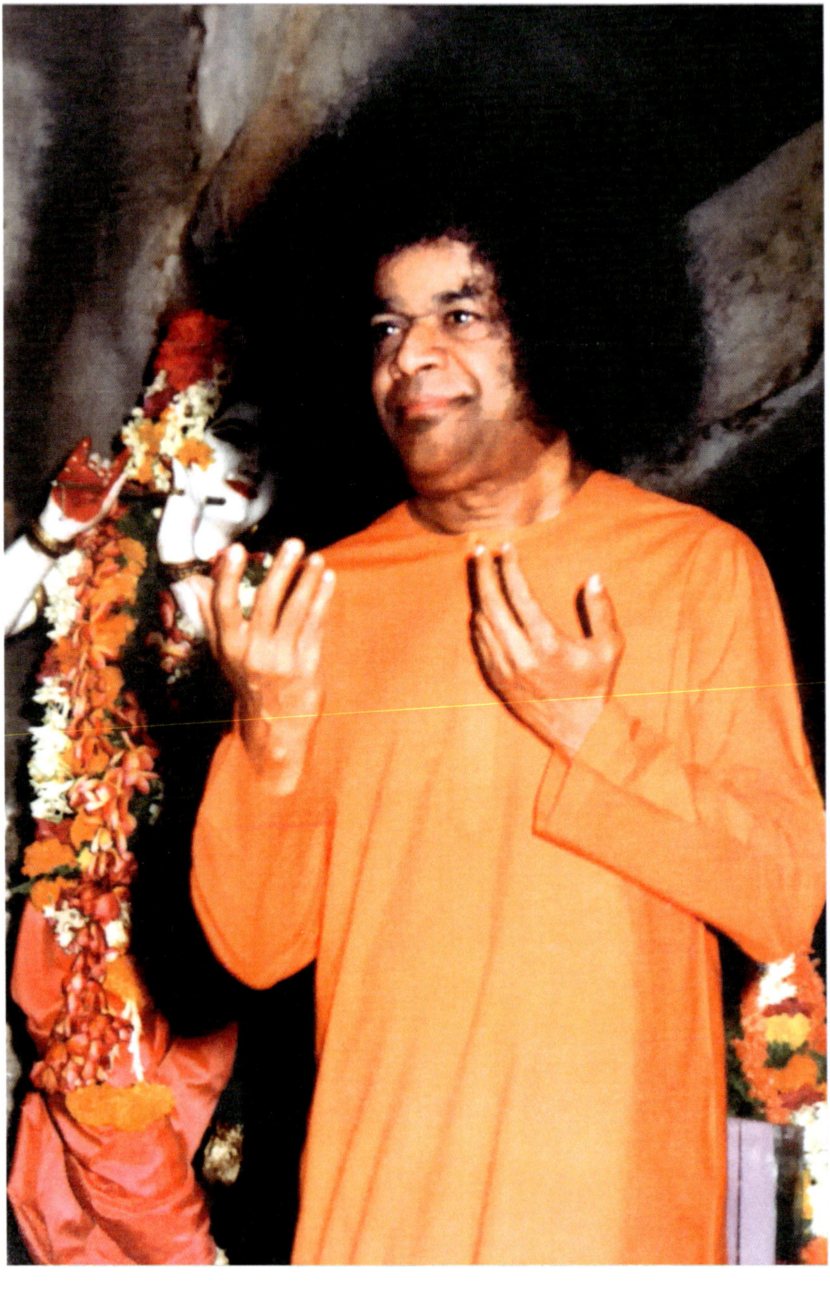

Mangelware zu sein, aber immerhin gab es eine Toilette und Waschgelegenheit.

Ich reiste insgesamt dreizehn Mal nach Indien. Immer war es ganz anders und immer abenteuerlich. Man besorgte sich eine Matratze, Moskitonetz, Wassereimer und ein Gefäß zum Wasserschöpfen sowie eine lange Wäscheleine als Ersatz für den Kleiderschrank. Geschirr und Bettzeug sowie einige Gebrauchsgegenstände hatten wir ja mitgebracht. Dann gab es für alle eine Verhaltensordnung, Regeln, die unbedingt eingehalten werden mussten, sonst wurde man zum Verlassen des Ashrams aufgefordert.

Es ist alles sehr genau organisiert, was bei so vielen Menschen auch notwendig ist.

In den Innenraum des Tempels durfte man nur zu bestimmten Zeiten und man musste zuvor in Reihen lange, still und ruhig sitzen; zwei Mal am Tag kam dann der Avatar nach draußen und anschließend wartete man, um zu singen und Gott zu preisen.

Danach gab es Essen, Frühstück, wo Frauen und Kinder und Männer getrennt saßen. Alles war neu und aufregend, und trotzdem ging alles sehr gesittet und ruhig zu. Kein Radio, kein Fernsehen, keine Ablenkung, ab und zu in besonderen Räumen Vorlesungen über die Bedeutung des Göttlichen, des Seins, über Ethik und Moral und die Gesetze des Lebens! Mir gefiel das. Man konnte meditieren, Wäsche waschen, kleine Einkäufe auch außerhalb des Tempelgeländes machen, wo es herrliche Saris und Kunstgegenstände zu kaufen gab wie in einem orientalischen Bazar. Auch die frischen Früchte lachten einen an.

Wenn Menschen vom Interview zurückkamen, wurde natürlich gefragt und viele wurden wunderbar mit Vibhuti (heilige Asche) und Schmuckgegenständen beschenkt, die der Avatar vor ihren Augen aus dem Nichts erschuf! Das

Materialisieren scheint die Visitenkarte der Meister zu sein.

Das Essen war teils indisch scharf oder auch milder für die Europäer und anderen Ausländer. Nach 14 Tagen reisten wir wieder ab und beim letzten Mal, als wir Shri Sathya sahen, saßen wir im Tempel. Er schritt an uns vorbei und er kam zurück und sagte zu mir: „Be happy! (Sei glücklich)" Ich fragte: „Du oder ich?" So verabschiedete er sich von mir und ich dachte: So, nun habe ich dich gesehen und nun ist es gut, ich fahre nun wieder nach Deutschland mit vielen neuen Eindrücken.

Auf dem Weg kamen wir mit dem Taxi an den Schulen und dem Stadion vorbei. Dort ragten in Übergröße die ganzen Religionsgründer wie Buddha, Jesus Christus, Zarathustra, Hanuman der Affengott, Shiva und Krishna über uns herab. Auch eine Sternwarte und ein lebender Elefant grüßten uns und wir sahen auch ein Gokula, ein großer Kuhstall mit Käserei und Joghurt-Herstellung für die vielen Menschen im Ashram.

Nun freute ich mich auch wieder auf zu Hause, aufs Bad und all die Annehmlichkeiten, die man nach einer Reise der Entsagung sehr zu schätzen weiß! Durch diesen Besuch habe ich das Ur-Christentum viel besser verstanden und die Philosophie dieses Avatars gefiel mir sehr gut: Sei identisch im Denken, Reden und Handeln.

> „Es gibt nur einen Gott
> Er ist allgegenwärtig.
> Es gibt nur eine Religion.
> Die Religion der Liebe.
> Es gibt nur eine Kaste.
> Die Kaste der Menschheit.
> Es gibt nur eine Sprache.
> Die Sprache des Herzens."

Diese Reise machte ich ein halbes Jahr vor dem Ausbruch meiner Krebserkrankung und ich fragte mich, was hieß „be happy"?

Die Menschen, die schon länger im Ashram lebten, sagten mir, wenn der Meister einen persönlich in Augenschein nimmt, wird das Karma beschleunigt. Was ist Karma, die Sache von Ursache und Wirkung im Guten wie im Bösen? Mir war damals nicht bewusst, was ich getan hatte.

Bei uns wird es in der Bibel als die Tilgung der Sünden bezeichnet, was bis zu drei oder vier Inkarnationen in der Familie vor uns zurückgehen kann. Was war damals passiert? Ich glaube an die Reinkarnation, denn wie oft hatte ich an fremden Orten deja-vu Erlebnisse, die mit dem Verstand unerklärlich sind.

Heute weiß man auch angeblich wissenschaftlich, dass das geomagnetische Feld bei allem Lebendigen für Veränderung sorgt. Es beeinflusst das Hirn in Raum und Zeit sowie in unserer dreidimensionalen Welt; den Wechsel von allen Kreisläufen, wie Tag und Nacht, die Umläufe der Sonne, die Veränderung der Erdachse sowie alle kleinen Wandlungen. Die Physik kommt diesem Phänomen am nächsten. Man weiß, dass ein kosmischer Tag in der Schöpfung 26.000 Jahre dauert.

Das Magnetfeld schützt auch die Erde. In vielen Vorhersagen wartete man mit Spannung auf das Jahr 2012. Für die Mayas war dann ein großer Wechsel im Kalender mit präziser Aufzeichnung angekündigt. Bis heute versucht man, sie zu entschlüsseln.

Wir haben heute große Desorientierung. Wir sehen, was auf der ganzen Welt passiert. Vor 400 Jahren haben sich die Menschen nicht vorstellen können, wie wir heute mit Techniken, Telekommunikation, Computern und Neuheiten in der Medizin leben. Die Religionen und die Wissenschaft haben immer große Macht ausgeübt. Heute müssen wir uns von vielen Dogmen lösen. Unser Hirn entscheidet, was wichtig und nötig für das Überleben ist. Die Menschen reagieren darauf unterschiedlich, je nach Bewusstsein, Durchlässigkeit und Sensibilität. Vieles ist nicht mit Frequenzen messbar und nur sehr wenige Wissenschaftler haben sich mit den paranormalen Phänomenen beschäftigt. Viele Menschen sind dem Druck nicht mehr gewachsen und haben zu Drogen gegriffen, weil die sogenannte Realität nicht mehr ertragen wird. Man greift zu Alkohol und zu anderen Stimulationen, aber Raum und Zeit holen uns in die Welt zurück!

An dieser Schwelle stehen wir, und wir wissen, dass man mit Meditation und Stille ebenfalls das Bewusstsein erweitern kann. Wir erleben hyperdimensionale Räume (das Ende der Zeit), alles geschieht gleichzeitig. Wir nähern uns dem Raum des Schöpfers, wir verbinden uns wieder mit Materie, Geist und Seele und aus diesem leeren Raum findet die Schöpfung statt. Es ist die Pause zwischen zwei Gedanken. Es ist nicht einfach, diesen Raum zu erreichen. Deepak Chopra, ein indischer Arzt, hat diese Phänomene an unerklärlichen Beispielen in seinen Büchern erklärt; alles auf diesem Planeten sei möglich.

Ich habe während meiner Praxiszeit viele Sterbebegleitungen bei meinen Patienten erleben dürfen. Oft, wenn die Seele sich vom Körper löste, erschien mir dieser Mensch im Licht, auch nachts vor meinem Bett, und ich wusste, dass er in eine andere Dimension gegangen war. Es war ein beglückendes Gefühl und für mich ein großes Geschenk!

Bei weiteren Besuchen in Indien traf ich einen Mann aus Deutschland. Diesmal hatte mich mein Sohn nach Indien begleitet, denn er war neugierig geworden. Er war nicht wirklich begeistert. Oft hatten wir Stromausfall oder kein Wasser aus der Leitung. Nachts besuchten uns die Kakerlaken und wir mussten Essbares in Plastikbeuteln verpacken, weil es die Beute von Ameisen wurde. Die Affen klauten uns das Obst und die Süßigkeiten aus dem Zimmer und saßen dann auf dem Geländer und verspeisten mit Wonne unsere Nahrungsmittel.

Nach meiner großen Krebsoperation hatte ich anschließend meinen Darm teilweise gelähmt und ich musste zu Hause täglich Einläufe in der Badewanne machen, um mich nicht zu vergiften und erleichtert zu fühlen.

In Indien war diese Angelegenheit noch schwieriger. Eines Tages nach dem Darshan saß ich noch versonnen im Tempelgelände und wartete auf das Bhajan-Singen. Da bemerkte ich an der großen Mauer, dass ein ziemlich großer Affe über das Geländer kletterte.

Die indischen Frauen suchten die Flucht aber ich blieb sitzen und der Affe setzte sich wie ein kleines Kind auf meinen Schoß. Ich zeigte ihm meine Tasche, da war nichts Essbares drin. Er schaute meine Hände an und beleckte sie. Wir saßen auf Augenhöhe und seine wunderschönen Augen, die so grün waren, wie ich sie noch nie bei einem Affen sah, blickten lange in meine Augen.

Einige Minuten ging das so, dann verließ er meinen Schoß und das Tempelgelände auf der anderen Seite und war nicht mehr zu sehen! Die Menschen, die es gesehen hatten, staunten nicht schlecht. Ich war einfach sprachlos. Am Abend brachen meine Füße an verschiedenen Stellen auf, ohne jeglichen erkennbaren Grund. Tiefe Löcher taten sich auf und sie eiterten rund um die Nägel, und dieser Prozess dauerte ungefähr sechs Wochen. Ich konnte nicht richtig laufen und wurde von den Ärzten jeden Tag frisch verbunden und musste auch so nach Deutschland zurückreisen. Von diesem Tag an war meine Verdauung wieder ganz normal, alles funktionierte wie zuvor und an den Füßen blieben keine Narben zurück.

Für mich und die Ärzte ein kleines Wunder!

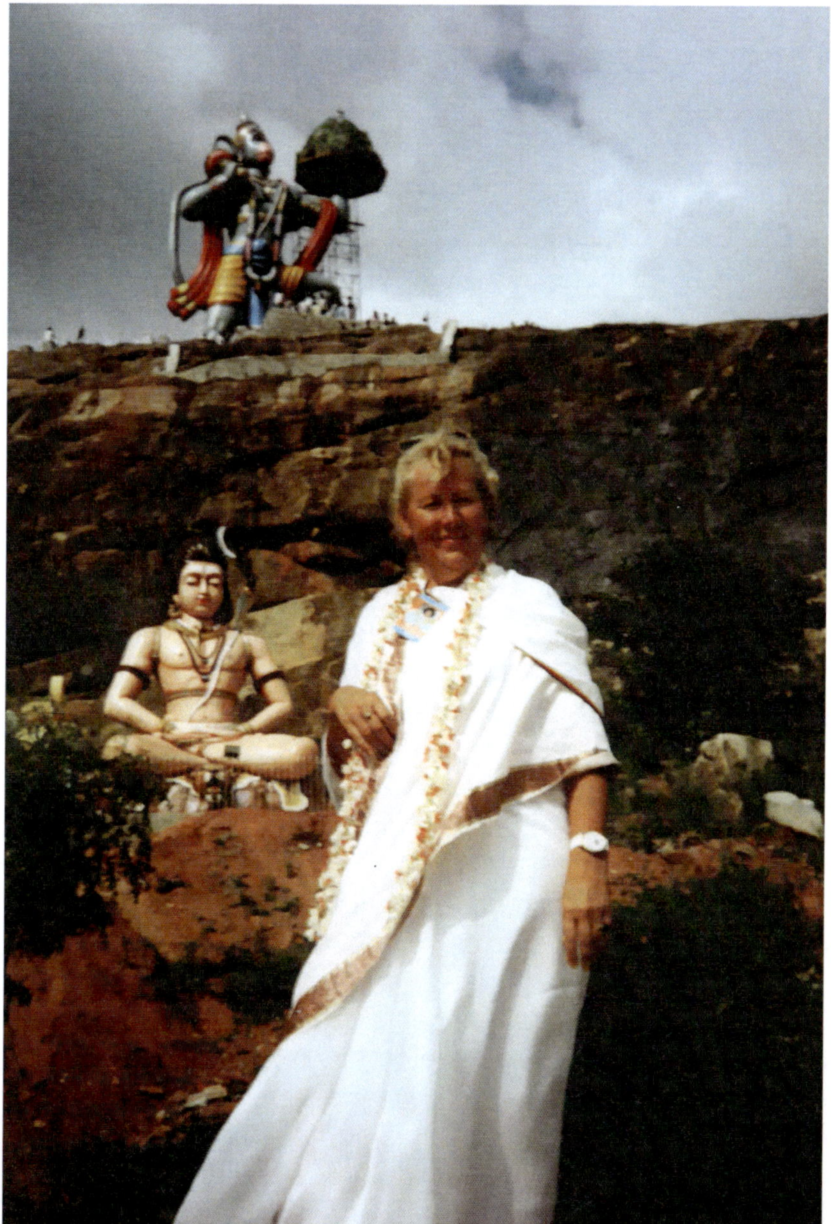

Die Zeit der Gruppe sowie Bungee-Jumping und Fallschirmspringen

Zum gleichen Zeitraum traf ich auch diesen Mann aus Deutschland, der auch ein Verehrer dieses Avatars war. Er hatte einen Mann getroffen, der ihn förderte und auch finanziell unterstützte, einen Mäzen. Dieser hatte mehrere Häuser und stellte uns eins zu Verfügung. Wir trafen uns regelmäßig am Wochenende von Freitag bis Sonntag, um geistig zu arbeiten.

Es wurde aus uralten vedischen Schriften gelesen, meditiert. Man tauschte seine Erfahrungen aus. Wir betreuten geistig und körperlich behinderte Menschen. Wir joggten, gingen gemeinsam in die Sauna und ins Schwimmbad. Dort ließen wir uns rückwärts vom Drei-Meter-Brett fallen, um unsere Ängste abzubauen und uns mit dem Wasserelement anzufreunden. Wir kochten und aßen zusammen und wir waren eine integre Gruppe. Es war sozusagen meine Ersatzfamilie. Wir reisten zusammen nach Indien. Es ging sehr friedlich und lustig zu.

Dann machten wir Erfahrung mit dem Luftelement. Wir fuhren zum Fallschirmspringen nach Kassel-Kalden, mein Kindheitstraum, denn ich wollte das schon immer einmal ausprobieren. Es war sehr spannend. Nach einiger Zeit kam etwas Neues auf: Bungee-Jumping. Die Vorstellung davon machte mir doch Angst, und ein Yogi-Lehrer, der mit unserer Gruppe Kontakt hatte, sagte: „Du hast keine Bedenken vor Tod und Teufel, das ist das Richtige für dich." Ich war damals über 60 Jahre alt. Vorwiegend junge Menschen wollten sich diesen Kick antun. Mein Verstand arbeitete auf Hochtouren und ich wollte nicht daran teilnehmen.

Schon als Mädchen hatte ich eine sogenannte Todeserfahrung, denn ich wäre fast in einem See ertrunken, aber man hatte mich rausgeholt, und im Krankenhaus hatte ich nach einer Injektion mit Atemstillstand Lähmungserscheinungen und jetzt sollte ich mir das antun?

Man musste ja auch schriftlich seine Zustimmung geben und einen Haftungsausschluss unterschreiben, denn es war nicht ungefährlich, was alles passieren konnte. Nach dreimaligem Anlauf riskierte ich es mit meinem Lehrer zusammen. Wer das schon einmal gemacht hat weiß, dass man nur eine Trittfläche hat. Mit der einen Hand hält man sich fest und an den Füßen trägt man Gamaschen mit den Gummibändern und dann wird der Kran hochgezogen. Die Anlage befand sich am Frankfurter Fernsehturm.

Ich schaute auf die Autobahn und die Autos wurden immer kleiner. Ich rief innerlich alle meine Schutzengel an! Man stürzte sich dann kopfüber in die Tiefe, an den Füßen aufgehängt und die Hände hinter dem Kopf verschränkt, damit sich das Gummiseil nicht um den Hals wickelt. Es jumpte ein paarmal während des Fallens rauf und runter und dann ließ man mich langsam mit dem Kopf nach unten auf die Erde zurück. Während des Sprungs empfand ich ein Glücksgefühl wie auch beim Fallschirmspringen und die Anspannung löste sich spontan. Es wurden Endorphine ausgeschüttet, denn unser Körper ist ja klug, und ich war heilfroh, wieder auf der Erde ohne Schaden gelandet zu sein!

Es war für mich ein großes Abenteuer!

Nach und nach begegnete ich immer mehr besonderen Menschen und Heilern.

Aufgestiegene Meister und Heiler in Brasilien

Bevor dies alles stattfand, fand ich durch sogenannten Zufall eine Gruppe, die mit den „aufgestiegenen Meistern" arbeitete, die „I am-Bewegung". Wir trafen uns einmal im Monat und an Pfingsten. Die Meister sprachen durch ein Medium und übersandten Botschaften. Das Medium war lange Jahre vorbereitet worden und hieß Senta und kam aus Berlin. Diese Gruppe schenkte einem Trost und zu den Meistern gab es ätherische Tempel, Kraftorte, Erzengel und andere Engel und Formenerbauer, sogenannte Devas und Erkennungsmelodien.

Diese Meister kommen von Zeit zu Zeit auf die Erde oder treffen sich in Tälern des Himalayas über Shambala und beratschlagen. Um einige zu nennen: Saint Germain, Kuthumi, Mutter Maria, Kwan Yin, Seraphis Bey, El Morya, Konfuzius, die auch vorher in anderen Inkarnationen auf der Erde weilten. Darüber gibt es sehr viel Material im Internet und in der Literatur. Sie haben ätherische Tempel im Kosmos.

Auch als ich in Brasilien mit meinem langjährigen Freund, der viele Verwandte dort hat, war, begegnete ich immer wieder in vielen Familien Bilder von diesen Meistern und sie fragten mich, ob ich schon davon gehört hätte?

Der Heiler, den wir treffen wollten, hieß Antonio und lebte im Staate Sao Paulo. Ich wollte meine Gallensteine loswerden. Der Ort war ein Wallfahrtsort von der Mutter Maria mit dem Jesuskind. Wir kamen um die Mittagszeit an, gingen zu der

Kirche und schlenderten über den Marktplatz. Dort fiel mir ein Mann auf, und ich sagte zu meinen Freunden, dass das der Antonio sei, aber sie lachten mich aus.

Wir bekamen ein Zimmer für viele Personen und gegen Abend wurde es in dem kleinen Ort sehr lebendig. Busse über Busse fuhren auf riesengroße Parkplätze voller Menschen, es war die reinste Völkerwanderung. So gegen 24:00 Uhr abends behandelte der Heiler.

Jeder von uns bekam ein Glas mit Flüssigkeit und Wattebausch in die Hand gedrückt und wir mussten uns in die langen Reihen einordnen. Es dauerte einige Zeit und es ging nur langsam vorwärts. Dann sahen wir ein Holzhaus mit Lehmboden und jeder sollte einzeln eintreten. Ich spreche kein Spanisch und bat meinen Freund mit seinem Cousin mit rein zu kommen.

Da saß der Antonio, den ich am Marktplatz gesehen hatte. Er fragte, warum wir zu dritt kämen, und es wurde in Spanisch erklärt, dass wir aus Deutschland kämen. Er schaute uns einen nach dem anderen an, er berührte die Stellen im Bereich der Schilddrüse, Nieren und Leber zuerst bei den Männern, dann bei mir und holte ein Stück Fettgewebe und drei Gallensteine aus meinem Bauch und ließ es ins Glas mit der Flüssigkeit fallen, tupfte die Wunde ab, wie bei den Phillipinos-Heilern und sagte, wir sollten nächste Nacht wiederkommen.

Der Cousin meines Freundes war etwas benommen und wir gingen durch die Dunkelheit ins Quartier. Nach drei Tagen sollten wir den Inhalt des Glases mit einem Gebet rückwärts in den nahen Fluss werfen! Dann sei alles gut!

Der nächste Tag war bei uns auch Muttertag. In der Nacht, so gegen 3:00 Uhr klopfte es an unsere Tür, der Heiler ließ uns rufen, die Straße war menschenleer. Eigentlich arbeitete er nicht in der Nacht zum Sonntag. Er wartete schon auf uns.

Beide Männer sprachen ja fließend Spanisch, und ich ließ ihn fragen, was wir ihm denn für die Behandlungen geben dürften. Er schaute mich groß an und sagte, er wolle etwas Persönliches von mir. Ich trug einen Schal, den ich auch immer mit nach Indien genommen hatte; er wollte meine Adresse dazu, und ich hatte noch etwas heilige Asche, die Vibhuti genannt wird, welche ich von Shri Sathya Sai Baba erhalten hatte. Diese wickelte ich ins Tuch mit meinem Namen und er legte alles zusammen in eine Krippe mit dem Jesuskind. Das alles war sehr beeindruckend. Nach Jahren wurde dann die Gallenblase entfernt. Es waren nur wenige „weiche" Gallensteine vorhanden.

Wir reisten dann noch zu den größten Wasserfällen nach Ignazu, ein phänomenaler Anblick und zum größten Kraftwerk der Erde Itaipu. Dort konnten wir mit dem Bus durch die Turbinen fahren. Alles war unwahrscheinlich groß! Es war eine wundervolle Reise mit unvergesslichen Eindrücken.

Es gab viel zu erzählen.

Die Begegnung mit Daskalos auf Zypern und der Scheich Naziin

Ich war in meiner Praxis nun sehr beschäftigt und es lief gut. Eines Morgens kam ein Patient und sagte, ich habe Dir ein Buch mitgebracht, das Du unbedingt lesen musst! Ich wollte es eigentlich nicht annehmen und meinte, ich sei so mit der Literatur von Shri Sathya Sai Baba beschäftigt. Ich wollte aber nicht unhöflich sein und nahm es. Der Titel hieß „Der Magus von Strovolus" auch Daskalos genannt.

Einige Tage später blätterte ich in dem Buch und fing zu lesen an. Wie in einer Vision war ich mitten im Geschehen und fand mich in einer anderen Welt wieder. Er beschrieb sein Leben, auch als Jesus gekreuzigt wurde. Es war so erschütternd, dass ich stundenlang weinte. Es war ein kleiner Junge an meiner Hand und ich sah plötzlich durch meine innere Erschütterung, dass er mein Kind war. Er löste sich von mir und er lief zu Jesus und stellte sich vor ihn, um ihn anzuschauen.

Ein römischer Soldat trat mit seinen Nagelschuhen dem Jungen auf die Füße und zerschmetterte ihn. Er brach zusammen und ich lief zu ihm, nahm ihn auf meine Arme und ging nach Hause. Das Kind war ohnmächtig und starb ein Tag später an den Verletzungen. In dieser Nacht erlebte ich die Hölle. Nun war dieser Daskalos in Zypern ein großer Heiler und Weisheitslehrer.

Er lebte im griechischen Teil der Insel. Er hatte einen Raum, in dem er auch über die Kabbala lehrte und die Gesetze des Kosmos erklärte. Ich erzählte meinen Freundinnen von dem

Buch, und sie schlugen vor, ihn in Zypern zu besuchen, was auch geschah.

Zwei Monate zuvor hatte ich gerade meine Meditationsgruppe hier. Einmal wöchentlich meditierte ich mit ca. 12-15 Personen 15 Jahre lang jeden Mittwoch von 19:00 bis 21:30 Uhr in meiner Wohnung. Wir lasen zuerst aus den Heiligen Schriften aller Religionen, gingen dann ungefähr 20 Minuten in geführte Meditation über, die Farben der Chakren oder Lichtmeditation und danach sangen wir Bhajans, heilige Gesänge mit Begleitung von Tablas, Trommeln und Zimbeln und anschließend wurde sich noch ausgetauscht.

Dann klingelte das Telefon und meine Freundin, heute Ärztin in Holland, wollte mich abholen, um nach Karlsruhe zu fahren, wo der Scheich Naziin, ein direkter Nachfahre von Mohamed, in einem indischen Restaurant zu treffen wäre. Wir hätten schon Jesus Christus verpasst und dieser Besuch wäre jetzt eine besondere Gelegenheit! Ich ließ mich überreden. Es war ja schon sehr spät. Wir fanden schnell das Lokal, es war pickepacke voll; Männer und Frauen in Pluderhosen und Turbanen, die Männer umringten den Meister, die Frauen hielten sich im Hintergrund.

Der Scheich setzte sich auf ein erhöhtes Podest und war von allen gut zu sehen. Er sprach über Gesetze des Lebens, über das Ego, das übermächtig schien. Anstatt das Pferd zu reiten, säße uns das Ego wie ein mächtiges Pferd im Nacken. Er war sehr witzig und voller Humor. Dann wurden wir alle zum Essen auf dem Boden eingeladen. Große Tücher wurden ausgebreitet, und wir setzten uns alle auf die Erde. Es wurde Brot gereicht, herrliches Gemüse und Soßen.

Er brach sein Brot und warf die Hälfte mit lautem Lachen in meinen Schoß. Ich bedankte mich! Danach wurde im

Gebet Allah zum Dank angerufen. Na, sollten wir das mitmachen? Es gibt ja nur einen Gott, er hat viele Namen. Es waren Niederwerfungen nach Osten. Als die Zeremonie beendet war, schaute er in die Runde. Die Männer wieder alle in seiner Nähe. Er schaute in meine Richtung und sagte, er hätte eine Botschaft für mich; ich glaubte es nicht!

Die Männer teilten sich und es begann ein Dialog: „Bist du Mirijam?"

„ Nein, ich heiße Katharina."

„Möchtest Du nicht zu uns kommen?"

„Nein, ich bin Christin."

„Möchtest du nicht mit Mohamed-Airlines in die Himmel fahren?"

„Nein, dann lieber mit Shri Sathya Sai Baba-Airlines, das geht höher.

Er: „Aber es dauert länger."

Alle lachten und mit feierlichem Ernst bat er mich, für sie zu beten und verneigte sich. Er stand auf und ging auf mich zu. Ich begleitete ihn zu seinem Auto mit Fahrer. Ich erzähle das hier, weil auch er auf Zypern im türkischen Teil von Nikosia wohnte. Er gab mir seine Telefonnummer, um ihn dort zu besuchen.

Als wir beim Daskalos ankamen, mieteten wir ein Auto und meine Freundin lenkte es im Linksverkehr. Wir erkundeten zuerst die Insel und stiegen nachts bei Vollmond in den Apollo-Tempel ein. Wir waren an einer Ausgrabungsstätte, wo wir zum Essen und Übernachten eingeladen wurden. Der Schirmherr hieß Demos. Er erklärte uns die Geschichte und hatte auch die Enzyklopädia dazu verfasst.

Sie fuhren mit uns zu der Stelle, wo Aphrodite aus dem Meer entstieg und zeigten uns ihr Bad und andere Sehenswürdigkeiten. Am nächsten Tag gingen wir in die entgegengesetzte Richtung in eine wunderbare Bucht mit türkisfarbenen Wasser und Sandstrand. Es war herrlich. Danach machten wir uns auf nach Strovolus durch das Gebirge. Die kleinen Dörfer sahen noch so aus wie vor 100 Jahren. In den Bäumen hingen Spiegel und Ziegenköpfe und es schien alles sehr mystisch und seltsam. Daskalos wohnte in der Perikleis Street in Strovolus und wir fanden das Haus direkt. Ein Junge öffnete mit seinem Freund die Tür und wir mussten warten, bis Daskalos kam.

Seine erste Frage lautete: „Warum kommt ihr erst jetzt?" Wir sollten den nächsten Tag wiederkommen. Daskalos hatte einen großen Raum, wo er lehrte. Am nächsten Morgen waren wir sehr früh vor Ort. Der Meister hatte alle Türen auf und rasierte sich. Er bat uns herein.

Wir setzten uns in sein Wohnzimmer und er fragte, was wir wollten? Ich hatte viele Fragen an ihn und viele Bilder von Patienten dabei und er sah alles genau an und beantwortete alles wunderbar. Ich hatte ihm ein paar Violinkonzerte mitgebracht und ein Bild von Shri Sathya Sai Baba. Er nahm mich an der Hand in ein anderes Zimmer. Dort stand ein großes Bild von dem Avatar. Er fragte mich, ob ich hinduistischen Glaubens sei und ich verneinte.

Er wollte wissen, was Shri Sathya Sai Baba zu mir sagte, aber ich hatte noch kein Interview bei ihm. Was sagt er denn von sich? Das er göttlich ist. Und was bist du? Ja, ja, nach Zögern, ich auch. Wann glaubst du denn das endlich? Er forderte uns auf, die Straße zu überqueren und in den Schulungsraum zu gehen.

Dort warteten schon ungefähr 50 Menschen aus aller Welt. Ich hörte aufmerksam zu und bemerkte, dass um mich herum alle eingeschlafen waren, auch meine Freundinnen. Wir, Daskalos und ich, waren als einzige noch im Dialog und er zeigte und erklärte mir unbekannte Welten. Nach etwa zwei Stunden wachten die anderen auf und keiner hatte etwas mitbekommen! Diese unsere Reise machte ich allein mit ihm und den Himmelswelten. An diesem Tag versuchte ich in unserem Hotel den Scheich Naziin anzurufen. Man hätte mich am liebsten gesteinigt, dass ich es wagte mit jemanden im türkischen Teil zu telefonieren. Also ließ ich es.

Zypern ist eine wunderschöne Venus-Insel. Zypros heißt Kupfer und dieses Element gehört zu diesem Stern. Wir reisten erfüllt wieder nach Hause. Daskalos war noch einmal in Deutschland mit seiner Tochter, wo ich ihn mit Hunderten von Menschen traf. Er ist schon lange von dieser Welt gegangen aber unvergesslich.

Indianer Black Elk Wallis – eine andere Welt

Nach Deutschland kamen auch einige große Indianer vom Stamme der Ogalallas-Sioux. Ich war acht Tage mit ihnen zusammen. Sie erzählten viel von ihrer Kultur und ihren Ritualen. Durch körperlichen Schmerz und Askese kamen sie in andere Bewusstseinsebenen.

Sie erzählten von Mutter Erde, die uns reichlich beschenkt und von der Sonne, die uns Lebensenergie vermittelt, von der wunderbaren Natur, den Bäumen und Pflanzen, sie waren große Schamanen und Heiler. Auch machten sie Rituale mit Trommeln und Tanz und versetzten uns in andere Welten.

Es flog mich im geschlossenen Raum ein Adler an und seine Krallenabdrücke hatte ich noch lange auf der Haut. Sie materialisierten große Lichtkugeln und Blitze als würden sie Magnesium abfackeln. Nicht alle im Raum sahen dieses Schauspiel. Ich werde es nie vergessen.

Der Vater von Black Elk Wallis hatte das Buch geschrieben, „die heilige Pfeife", und sein Ziehsohn Don Perot war mit ihm nach Europa gereist. Es war eine wunderbare Erfahrung für mich.

Ich durfte bei ihren Heilungen dabei sein und erhielt so auch eine Einweihung.

Phänomene im Odenwald

Unsere Gruppe verlegte ihre Treffen in den Odenwald. Ein befreundeter Architekt stellte seine Räume zur Verfügung. Es war früher ein altes Jagdschloss gewesen und einige Häuschen für ehemalige Bedienstete mussten völlig renoviert werden, bevor sie bewohnbar waren.

So nahmen wir unter Schwerstarbeit mit Pickhacke, Schaufel und sonstigem Gerät mit dem Erdelement Kontakt auf. Wir bauten unter anderem ein Gewächshaus mit großem Raum, der uns für Meditation zur Verfügung stand.

Wir wohnten jeder in seinem Zelt, auch im Winter. Wir ließen uns einschneien, und nachts kam das Wild dicht heran. Später als die Häuschen hergestellt waren, dienten sie uns zu neuen Erfahrungen. Die Fenster wurden verdunkelt, das Essen vor die einzelne Tür gestellt und gesprochen wurde nur, wenn wir uns abends gemeinsam mit unserem Lehrer austauschten.

Wir konnten im Wald joggen oder auch spazieren gehen. Man glaubt nicht, welche Türen einem durch die Stille und Dunkelheit geöffnet werden!

Es waren ganz neue Erlebnisse. Das machten wir des öfteren eine Woche lang. Ansonsten untersuchten wir unser Planetensystem mit den Fixsternen. Dazu brauchten wir lange Zeit.

Jeder Planet hat seine eigene Sonne und ein besonderes Merkmal im Inneren, das sogenannte Heiligtum mit Signatur. Ebenfalls haben wir die verschiedenen Himmelsebenen erforscht. Im Volksmund sagt man ja auch, man ist im siebten Himmel, da wo man sehr glücklich ist.

Wenn die Seele den Körper beim sogenannten physischen Tod verlässt, bleibt sie ja oft noch tagelang in Erdnähe, deshalb auch die Dreitagesfrist bis zur Beisetzung. Die Menschen waren ja immer schon neugierig zu wissen, was bei dem Übergang in die jenseitige Welt geschieht. Es gibt auch Menschen, die danach noch sehr lange erdgebunden sind und nicht wahrnehmen, dass ihr Körper gestorben ist. Manche machen sich bemerkbar und sensitive Menschen können sie wahrnehmen.

Als meine Schwester mit 17 Jahren verstarb, sah ich sie oft in meinen Träumen, strahlend und sehr glücklich und sie sagte mir: Den Tod als solches gibt es nicht!

Immer mehr Menschen erzählen von solchen Phänomenen, wir werden immer durchlässiger und sensibler, besonders wenn wir diese Menschen sehr geliebt haben. Es ist für mich sehr tröstlich, das zu wissen.

Wir erleben hyperdimensionale Räume, das Ende der sogenannten Zeit. Die Zeit ist eine Illusion, der Beginn der Ewigkeit. Es bleibt der leere Raum, der Raum des Schöpfers, den wir uns nicht vorstellen können, weil er ewig und endlos ist. Das erklärt auch das morphisch-genetische Feld, wo sehr viel im leeren Raum gespeichert ist und was man abrufen kann.

Wir können uns diesen Raum des Schöpfers, diese Felder oder das Göttliche mit unseren Sinnen nicht vorstellen, nur in der imaginären Vorstellung als Geistwesen oder dem Leben nach dem Leben. Es ist die Stille zwischen zwei Gedanken. Die Physik gibt das Fundament für diese Vorstellung und manchmal hebt sich diese Sphäre auf und kann in andere Welten schauen. Es sind ganz besondere Bewusstseinszustände nötig. Ich persönlich hatte öfter diese außerkörperlichen Erfahrungen bei klarem Bewusstsein; denn es ist nichts mehr unmöglich. Viele Menschen haben das mit Drogen versucht, aber das schadet auf Dauer dem Hirn und dem Nervensystem. Ich vertrage nicht einmal Alkohol oder Zigaretten und habe vor Drogen einen mächtigen Respekt!

Die Quantenphysik gibt Hinweise, dass nichts verloren geht; wir müssen die Denkschranken unserer Zeit überwinden. Wer hätte vor 300 Jahren sich vorstellen können, wie wir heute mit Telekommunikation und Computern leben. Wir hätten es für unmöglich gehalten. Wir sind wieder an einem Punkt gelandet, an dem sich das alte Weltbild total verändert. Zeitreisen, Ufos, Besuch aus anderen Dimensionen, Unerklärliches wird immer mehr greifbar.

Vor längerer Zeit konnte ich mit dem Auto in keine Waschstraße, da dann das ganze System durcheinander kam. Wenn ich im Aufzug stand, ging die Tür nicht zu, und der Aufzug bewegte sich nicht. An Computerkassen funktionierte nichts mehr. Ich musste mich mit einem fadenscheinigen Grund einige Meter entfernen und dann funktionierte die Kasse wieder!

Wir sind an ganz neuen Übergangsphasen und entwickeln ganz neue innere Sinne, was mit unserem alten Denken oft nicht erklärbar ist. Gutes und Schlechtes kommt zum Vorschein. Wir haben mehr Freiheit und Möglichkeiten durch die Bewusstseinsveränderung, die auch von außen auf uns zukommt! Wir müssen mit unseren Vorurteilen über andere Hautfarbe, Ausländer, Abgrenzung aufhören; wir brauchen die Freiheit, dass alle nebeneinander existieren können! Aber stattdessen geht es weiter mit Konkurrenz, Machtmissbrauch, Gier nach immer mehr, obwohl alles Schwestern und Brüder des einen Schöpfers sind! Was tun Menschen den Menschen, Tieren und der Natur an. Man hält ja kaum noch die Nachrichten aus. Wir brauchen gesunde Nahrung und ein neues Bewusstsein, denn die Umwelt fängt ja schon bei uns an. Durch die allumfassende Liebe und Harmonie auch zu uns selbst haben wir eine einzigartige Chance für eine neue Welt. Warum findet die Wissenschaft dieses Phänomen Liebe nicht? Unser Körper weiß wie sich das anfühlt.

Wir leben in einer bedeutenden Zeit. Es tun sich immer neue Türen auf und auf der anderen Seite nehmen die Gier, die Macht nach immer mehr Materie immense Formen an. Man versteht die Welt nicht mehr; es ist der Turmbau zu Babel!

Trotz der Fülle sind die Menschen immer hektischer, ruheloser, unzufriedener, maßloser, undankbarer; es gibt auf dem Gebiet kein Halten mehr! Viele Menschen suchen Antworten und Stille; sie finden sie nur im Inneren und das ist in der heutigen Zeit sehr schwer.

Den Sinn des Lebens und den inneren Frieden fand ich nie im Außen. Ich wurde auf wunderbare Weise immer weiter geführt und bin unendlich dankbar für die Fülle der Erfahrungen und der Menschen, denen ich begegnen durfte!

Tibetische Medizin

So kam ich auch durch einen Freund in Berührung mit der tibetischen Medizin. Zu mir kam ein tibetischer Arzt und behandelte acht Tage lang meine Patienten auch mit seiner Medizin. Er brachte die handgemachten Pillen mit nach Deutschland. Es gibt auch größere tibetische Zentren hier in Deutschland und eines davon ist in Freiburg, das ich später auch besuchte. Dann kamen auch große tibetische Lamas und Rimpoches nach Europa. Der Dalai Lama ist ja öfters hier in unseren Gefilden.

Eines Tages bekam ich einen Anruf, dass der Lama Dorje Gylton Rimpoche in Holland sei. Mit einem befreundeten Ehepaar fuhren wir ein Wochenende in ein tibetisches Zentrum in die Niederlande. Es war Ende November sehr regnerisch. Von weitem wehten schon die tibetischen Fähnchen und innen war alles mit großen Tüchern und Rauchwerk geschmückt.

Nachdem wir uns von der langen Fahrt erholt hatten, durften wir den Rimpoche begrüßen. Er strahlte uns an und ließ einen Fotoapparat holen und fotografierte mich. Dann nahm er in Stille meine Hand in seine. So saßen wir eine Weile. Dann beschloss er für fünf Deutsche eine Zeremonie abzuhalten. Er gehörte zu den Gelbmützen-Lamas, zog ein langes Gewand an und begann in seiner Sprache Mantras zu wiederholen. Diese heilige Handlung dauerte ungefähr fünf Stunden. Wir wurden gesegnet und überschüttet mit roter, gelber Flüssigkeit, mit Räucherwerk und zum Schluss bekamen wir aus einer Schale etwas zu trinken. Jeder bekam dann zwei Mantras, ein Klanggebilde, zu dieser Einweihung. Das Mantra des unendlichen Mitgefühls bekamen wir mit einem Bild von der Göttin Tara aufgezeichnet. Es war ganz feierlich.

Mit meinem damaligen Lehrer sprach ich darüber und er meinte, die Einweihung hätte ich auch früher schon erfahren, und ich würde mich nur wieder daran erinnern.

Es war eine unendliche Stille und Glückseligkeit in mir. Einige Zeit später verließ dieser Rimpoche die Erde, aber ich habe ihn immer noch in meinem Herzen und fühle diese Liebe und Wärme.

Heilige Frauen: Mutter Meera und Amma

Mutter Meera

Meine kleinen Abenteuer gingen weiter in die Welt. Ich hörte auch hier in Deutschland von Meisterinnen und heiligen Frauen. So traf ich im Westerwald die weit bekannte Mutter Meera. Sie unterrichtete in aller Stille. Es wurde auch keine Musik abgespielt, und man versuchte zu meditieren. Viele Menschen auch aus dem Ausland, Frankreich, Belgien, Holland waren angereist.

Bei ihrem Darshan ging man zu ihr nach vorne, wo sie auf einem Sessel saß. Man kniete zu ihren Füßen und legte den Kopf in ihren Schoß. Sie legte die Hände auf den jeweiligen Rücken. Man verweilte so Minuten bei ihr, bis sie ihre Hände zurücknahm. Man verneigte sich und bedankte sich und setzte sich wieder auf seinen Platz. Sie ist eine sehr zierliche, schöne Frau aus Indien.

Mutter Meera kommt ursprünglich aus Indien und war lange Jahre in Kanada. Ihren ersten deutschen Wohnsitz bezog sie in Dornburg-Thalheim im Westerwald. Meine Meditationsgruppe und ich hörten von ihr. Ich bin sieben Mal mit meinen Freunden bei ihr gewesen. Durch das Händeauflegen am Rücken entknotet sie alle karmischen Lasten in der Lebensenergie. Sie ist auch weiterhin bei uns in Deutschland zu erreichen. Sie spricht sofort das spirituelle Herz an, das habe ich so empfunden. Ihr Kreis hat sich weiterhin erweitert und sie bewohnt ein größeres Anwesen. Wenn man ihren Segen geschenkt bekommen möchte, kann man ihre Adresse im Internet erreichen und muss sich für einen Besuch vorher anmelden. Sie gibt an verschiedenen Tagen abends ihren Darshan.

Amma – Mata Amritanandamayi

Ammaji kam öfter nach Mannheim, wo tausende Menschen sie besuchten. Sie kommt aus dem Süden Indiens, aus Kerala, wo sie einen großen Ashram versorgt. Sie wurde hier in Europa und in Amerika mehrmals für ihre großen Verdienste in ihrem Land ausgezeichnet. Sie ließ ganze Siedlungen für ledige Mütter mit Kindern bauen, für alte Menschen und Kranke. Erstaunlich, was diese Frau alles auf die Beine stellte, deshalb reist sie auch einmal im Jahr um die ganze Welt, um für ihre Projekte Spenden zu sammeln. Viele Menschen auch hier in Deutschland sind diesen großartigen Frauen schon begegnet und haben ihren Segen empfangen. Amma oder Ammaji hat ebenfalls auf viele Menschen einen nachhaltigen Eindruck sowie ihre Liebe und Güte auch Tausenden Segen gebracht.

Vor langer Zeit schon habe ich sie besucht in Bonn, München und anderen Städten wie auch hier in Mannheim. Sie wird auch vorher über Medien und Presse angekündigt und viele Suchende, Schwerkranke und gläubige Menschen bitten um ihren Segen. In den vielen Jahren meines Lebens war ich ja oft schwer krank und so zog es mich auch immer wieder zu ihr. An einen besonderen Darshan kann ich mich erinnern.

Da ich erst aus dem Krankenhaus kam, durfte ich extra für Kranke in den vorderen Reihen Platz nehmen, während sie vorne jeden Einzelnen zu sich lässt. Wenn man kann, kniet man vor ihr und sie umarmt jeden Hilfesuchenden und flüstert einem sogenannte Mantren ins Ohr. Danach beschenkt sie jeden mit einer Süßigkeit und Blütenblättern.

Als ich an die Reihe kam, umarmte sie mich ganz herzlich und schenkte mir Vibhuti, heilige Asche. Diese heilige Asche bekommen eigentlich nur ihre Landsleute, die auch oft hier in Deutschland vertreten sind.

Sie sah, wie ich darüber staunte und nahm mich abermals in ihre Arme und schenkte mir ihr bezauberndes Lächeln und Güte. Ich war völlig überrascht und glücklich.

Sie reist ja mit vielen ihrer wunderbaren Sängern, Musikern und Helfern durch die Welt. Die Räume sind immer mit Räucherwerk und Gesängen angefüllt. Auch indisches Kunstwerk, Saris und andere Kostbarkeiten werden zum Kauf angeboten, und man kann indisches Essen ausprobieren. Alle die Einnahmen dienen ihren Projekten in der ganzen Welt.

Reise nach Amerika – Erscheinung von Shri Ranjit Maharaj in der Gnaden-Kirche in San Francisco

In meinem Leben habe ich sehr viele wunderbare Menschen getroffen. Wir planten auch im Jahr 2000 eine große Reise diesmal nach Amerika. Zunächst ging es nach San Francisco und dann auf drei Hawaii-Inseln. Wir waren einige Wochen unterwegs. Mit meinen Freunden Heike und Edy weilten wir zuerst ein paar Tage in San Francisco. Gegenüber unserem Hotel genossen wir ein herrliches Frühstücksbüffet und probierten auch die Cablecar-Bahn aus. Wir haben sehr viel zu Fuß uns angeschaut und es ging ständig bergauf und bergab.

Es war zwar Mitte November, aber immer noch richtig warm. Als wir uns auf der Straße noch einen Kaffee genehmigten, sah ich auf einmal eine wunderschöne Kirche, und ich teilte meinen Freunden mit, dass ich diese besuchen wolle. Die Kirche war auch geöffnet und wir sahen ein riesengroßes Labyrinth, wie in Chartres auf dem Boden aufgezeichnet.

Man musste seine Schuhe ausziehen, wenn man es betreten wollte. Wir nahmen uns etwas Zeit und jeder von uns versuchte auf seine Art und Weise an diesem heiligen Ort zu Gott zu beten und ich benutzte das Mantra von Shri Ranjit Maharaj und ungefähr so nach sieben Minuten erschien vor mir ein großes helles Licht und Shri Ranjit Maharaj, den wir liebevoll „Opi" nannten, stand vor mir in Lebensgröße. Ich

blieb ganz erstaunt stehen und Edy fragte mich: „Ist was?"
Ich sagte ihm, dass Shri Ranjit Maharaj vor mir steht. „Siehst du den auch", fragte ich ihn. Er entgegnete: „Nein, ich sehe nichts." Seine große Gestalt hielt sich ungefähr 5-7 Minuten und dann zerfiel das Bild. Ich war erschrocken und erstaunt zugleich. Es war ein Freitag.

Und als ich zu Hause wieder ankam, fragte ich andere Devotees und erzählte ihnen die Geschichte, die ich in der Kirche erlebt hatte, und man sagte mir, dass Shri Ranjit Maharaj an diesem Freitag aus dem Körper gegangen war und vielen Devotees erschienen war.

Ich hatte von ihm ein Mantra zu der Zeit bekommen, als er öfters in Deutschland weilte. Das gleiche Mantra hatte ich vor zwanzig Jahren schon einmal in Indien bekommen, und das muss einen Bezug zu früheren Leben haben, als ich in Indien inkarniert war.

Als wir dann später in dem Ashram von Shri Anandamayi Ma auf Big Island waren und dort meditierten und Kirtan gesungen haben, fand ich sozusagen „mein Mantra", welches ich von Shri Ranjit Maharaj erhalten hatte, dort niedergeschrieben wieder.

Shri Anandamayi Ma – Ashram auf Big Island/Hawaii

Die Tempelanlage des Ashrams, welcher der Heiligen Shri Anandamayi Ma gewidmet ist, lag in einem wunderbaren Naturparadies. Dort lebten ungefähr 50 Personen allen Alters, die tagsüber ihrem Beruf nachgingen. Es wurde gemeinsam gekocht, gebetet, gesungen; ein herrliches Stück Paradies, voller Frieden. Unten am Fuße der Insel floss ständig heiße Lava in den Pazifik, ein unwahrscheinliches Naturwunder. Große Naturlandschaften taten sich auf, man war der Schöpfung sehr nahe.

Shri Anandamayi Ma beeindruckte mich schon früh durch ihre auch äußerlich durchdringende Schönheit. Ursprünglich kommt sie ja aus einer ostbengalischen Brahmanenfamilie und hat einen Großteil ihres Lebens in Indien an verschiedenen Orten verbracht.

Da ich nie an ihren Aufenthaltsorten eher im Norden Indiens und auch nicht an ihrem Samadhi in Kankhal in der Nähe von Haridwar war, bot sich die Gelegenheit auf Big Island ihren Ashram zu besuchen. Heike hatte die Adresse für diesen versteckt liegenden Platz ausfindig gemacht und uns drei dort angemeldet. Wir haben lange gesucht, um den wunderschönen Ashram zu finden und kamen dann ins Paradies. Einige Gebäude und auch eine sogenannte Kapelle mit einer in Alabaster gegossenen Statue von Shri Anandamayi Ma luden ein zu Meditation, Gesang und Gebet. Wir bekamen von den Gastgebern einen wunderbaren

Raum zum Schlafen, mit Küche und gefülltem Kühlschrank. So herzlich und großzügig sind wir aufgenommen worden. Man kochte für uns vegetarisch und viele junge und ältere Menschen, alle gemeinsam, hießen uns herzlich willkommen. Selten habe ich eine solche Gemeinschaft so authentisch und liebevoll erfahren. Auf diesem Grundstück wurde auch der beste Kaffee – Kona-Kaffee angebaut. Auf den Flachdächern der Gebäude wurde der Kaffee an der Sonne getrocknet, ein Paradies mit tropischer Flora und Fauna und die Gartenanlage war mit unterschiedlichen Meditationsplätzen angelegt, welche die verschiedenen Religionsrichtungen veranschaulichten und zum Innehalten einluden!

Dann wurden wir persönlich von dem Stellvertreter des Ashrams eingeladen auf ein paradiesisches Gelände mit wundervollen Pflanzen, Bäumen, Pfauen und einem unterirdischen Meditationsraum. Es war ein Höhle, deren Wände mit Lavagestein umgeben waren. Dort hatte man einen sehr großen schwarzen Lingam installiert.

Uns wurde die besondere mystische Geschichte über diesen Lingam erzählt: Poonjaji, ein berühmter Advaita-Lehrer, dessen Schüler wir später noch besuchen wollten, hatte einen Lingam aus dem heiligen Fluss Ganges und die dazu passende Yoni in Indien ausgewählt, selbst sorgfältig verpackt und das 80 kg schwere Paket von Indien im Flugzeug transportieren lassen. Bedauerlicherweise hatte der Lingam durch den meilenweiten Transport einen feinen Riss bekommen und war in der Tradition der Hindus nicht mehr für Puja-Zwecke geeignet. Der defekte Lingam wurde dem Ozean wieder zurückgegeben.

So machten sich Poonjaji mit Swami Dayananda aus dem Shri Anandamayi Ma-Ashram an einer Flussmündung in Hawaii auf die Suche nach einem geeigneten Lingam, da an solchen Stellen das Wasser auf natürliche Weise Steine besonders glatt und eben schleifen kann, bevor es ins Meer mündet. Die stundenlange Suche gestaltete sich schwierig, da viele Steine porös waren oder nicht die besondere Form hatten. Plötzlich tauchte ein einheimischer Ureinwohner auf, der fragte, nach was sie suchten und ein weiterer kam hinzu. Alle halfen gemeinsam, geeignete Steine zu finden und ein Einheimischer fand einen Lingam, der laut Poonjaji in jeder Hinsicht geeignet war. Nun musste die passende Yoni gefunden werden und der Hawaiianer erklärte, dass die porösen Steine weiblicher und die festen Steine männlicher Natur seien. Dem Einheimischen wurde die spirituelle Bedeutung von Lingam und Yoni erklärt und darauf sagte er, dass wir einen porösen Stein für die Yoni und einen festen Stein für den Lingam benötigten. Er half, die Steine ausfindig zu machen und verschwand danach genauso schnell, wie er gekommen war. Niemand von uns hat ihn weggehen sehen und es schien so als ob er sich entmaterialisiert hatte und alles hinterließ den Eindruck, dass Shiva persönlich erschienen war, einen geeigneten, unversehrten, natürlichen Lingam und die dazu passende Stein-Yoni zu finden. Wer sonst sollte es gewesen sein?!

Es wurde eine traditionelle Abhisheka (siehe Seite 122) mit Gangeswasser, Milch und anderen Puja-Utensilien durchgeführt und der Lingam somit traditionell installiert. Seitdem wird der Lingam täglich im Ashram auf Hawaii entsprechend den hinduistischen Riten verehrt.

Wir hatten auch die Ehre, an dieser Segnung teilzunehmen, denn wir durften an diesem speziellen heiligen Platz unterhalb der Erde verweilen und in die Stille gehen. Die Energie war so groß, man hätte abheben können, so eine Power war dort.

Im Gemeinschafts- und Essensraum waren die Wände geschmückt auch mit christlichen Heiligen, wie Pater Pio. Von ihm wird Unglaubliches berichtet. Pater Pio hat sehr viele Heilungswunder vollbracht und konnte gleichzeitig an vielen verschiedenen Orten erscheinen und wurde auch so von den Menschen, die ihn gesehen haben, zeitgleich wahrgenommen. Auch Therese von Konnersreuth war mit einem Bild vertreten, und sie lebte nur von der heiligen Hostie der katholischen Kirche, ohne Essen, und sie besaß die Merkmale Jesus Christus von der Kreuzigung, die oft immer wieder bluteten, besonders an Karfreitag.

Alle großen Avatare haben in ihren Ashrams alle verschiedenen Glaubensbegründer, wie Jesus Christus, Buddha, Zaratustra, Krishna als ebenbürtig erkannt. Shri Sathya Sai Baba hörte ich in einem Vortrag sagen, dass der Islam auch als letzter in die große Gemeinschaft zurückkehrt, da es ja nur einen Gott und einen Schöpfer gibt!

Shri Anandamayi Ma sprach auch immer von der Einheit im Gottesbewusstsein:

„Alles was Du wahrnimmst, siehst Du, weil Licht existiert. Ohne Licht kann man nichts sehen. Es gibt nur ein Licht. Was auch immer irgendjemand wahrnimmt, sei es ein Mensch oder ein Tier, wird durch das gleiche Licht erblickt. Das äußere Licht hat seinen Ursprung im inneren Licht – selbst ein Blinder ist sich eines inneren Lichtes bewusst."

"Das Licht des Selbst ist überall und in jedem gegenwärtig. Ob Du Christus, Krishna, Kali oder Allah verehrst, Du verehrst im Grunde das Eine Licht, das auch in Dir ist, weil es alle Dinge durchdringt. Alles geht aus Licht hervor, alles ist dem Wesen nach Licht."

Gangaji und Eli auf Maui/Hawaii

Von dort flogen wir auf die Insel Maui, ein Traum von Naturwundern. Auf jeder Insel hatten wir ein Mietauto und konnten so fast unberührte Strände besuchen. Wir wohnten in einem wunderschönen Hotelgelände. Jeder Besucher übernachtete in einem herrlichen Haus mit Küche, mehreren Schlafräumen, Wohnraum, Bad mit Blick auf die untergehende Sonne im Pazifik.

Wir wollten dort Gangaji und Eli treffen, sogenannte Advaita-Meister, die in Indien bei Poonjaji unterrichtet worden waren und nun ihr Wissen weitergaben. Wir waren ungefähr 100 Personen. Morgens um 11:00 Uhr begann der Satsang bis 13:00 Uhr, dann Pause und weiter bis 18:00 Uhr abends. Es war interessant, man konnte Fragen stellen. Es ging um Advaita, die Nicht-Dualität großer Meister aus Indien.

Morgens konnten wir schwimmen und tauchen und mit Kajaks unterwegs sein, es war wirklich unwirklich schön. Die Schildkröten und Fische schwammen oft mit uns wie im Paradies. Herrliches Wasser und unglaubliche Sandstrände inmitten herrlicher Vegetation.

Auf unserer Rückreise machten wir noch Halt auf Ohao und dann von 20 Grad plus nach New York mit 10 Grad minus. Dort blieben wir noch ein paar Tage. Es gab viel zu sehen.

Wir waren fast vier Wochen unterwegs und flogen dann zurück nach Deutschland mit unvergesslichen Eindrücken.

Puja im Ashram des indischen Meisters Shri Ramana Maharshi am Arunachala in Tiruvannamalai

Danach planten wir mal wieder eine Reise nach Südindien an den heiligen Berg Arunachala, dem Berg Shiva's und dem Ashram von Shri Ramana Maharshi in Tiruvannamalai und einer Puja mit acht Priestern. Zunächst flogen wir von Frankfurt nach Bombay, weiter nach Madras, wo wir im Hotel übernachteten. Am nächsten Morgen bestellten wir ein Taxi und fuhren weiter südlich zum Ashram von Shri Ramana Maharshi.

Die Tempelanlage lag direkt am Fuße des Berges von Shiva. Der erste Eindruck war unendliche Stille. Wir nahmen unser Gepäck und gingen zur Anmeldung. Wir hatten uns von Deutschland aus telefonisch für drei Personen angemeldet. Es war so ungefähr nachmittags 15:00 Uhr. Man schickte uns dann weiter zu unserem Zimmer mit drei Betten, sehr sauber mitten in einem Gebäude von Gärten umgeben.

Danach suchten wir die Küche mit Essraum auf. Die Essensausgabe war ja längst vorbei, aber man kochte für uns nochmals ein wunderbares vegetarisches Essen, was vorzüglich schmeckte. Danach verweilten wir in dem großen Tempelgelände.

Am nächsten Morgen gingen wir in die große weite Halle, die man immer besuchen durfte. Es saßen einige Menschen dort in Stille. Die Anlage bestand aus mehreren Räumen und es gab Pläne für die Zeiten der Puja morgens mit ungefähr acht Priestern und jungen indischen Priesteranwärtern. Im Mittelpunkt des Opferplatzes stand ein großer Shiva-Lingam, der jeden Morgen mit Mantren besungen, gereinigt, gewaschen und mit Milch übergossen wurde, sowie mit Blumen geschmückt. Die Zeremonie dauerte schon über Stunden.

Es war sehr feierlich und beeindruckend. Danach durfte man das geschmückte Heiligtum umschreiten. Es waren an die Hundert oder auch mehr Verehrer dieser heiligen Handlung aus aller Welt zugegen. Nach Einkehr und Stille ging es dann zum Speisesaal, wo das Frühstück eingenommen wurde. Man begrüßte die Leute und fragte, woher sie kamen, wie lange sie schon da wären und so bekam man langsam Eindrücke, wie das Ganze ablief. Ich oder wir wollten eine große Puja für unsere Familien und Patienten abhalten lassen und fragten bei der Rezeption nach.

Ich hatte eine Idee gehabt und dies meinen Patienten in Deutschland erzählt und sie gebeten, mir jeweils ein Foto mitzugeben, damit sie an der Segnung teilhaben konnten. Ich hatte also ein Bündel Fotos von Familienangehörigen, Freunden und Patienten bei mir. Die Zeremonie sollte am nächsten Tag nach der Shiva-Puja stattfinden.

Es war ein Nebenraum, wo Blumengebinde geflochten wurden. Die Priester erschienen und wir breiteten die Fotos aus. Die jungen Priesteranwärter beschauten sich die Bilder und waren erstaunt und wir erklärten ihnen, dass diese Menschen auch bei der Puja sein wollten. Man sagte uns, dass die Rituale Stunden dauern würden, wir könnten auch den Raum verlassen, aber wir entschieden, zu bleiben.

Es wurden Mantren (Klanggebilde in Sanskrit) wiederholt, Blumen geopfert, Reis, Wasser und andere Gaben. Ich schaute zur Statue von Shri Ramana Maharshi und in dem

Moment glaubte ich, er bewege sich und lächelte mir zu. Auch das Räucherwerk und die Mantren lieferten ihren Beitrag zu einer Einstimmung auf die Zeremonie. Ich dachte, ich hätte Halluzinationen.

Nach einer kurzen Pause traf ich draußen meinen Freund und erzählte ihm, dass Shri Ramana Maharshi sich bewegt hatte und er schaute mich mit großen Augen an und sagte: „Das stimmt, das habe ich auch gesehen." Die Statue war in Bronze gegossen, eine sitzende Persönlichkeit.

Meine ersten Bücher über Advaita bekam ich vor ungefähr 35 Jahren geschenkt und seitdem beschäftigt mich diese Philosophie des „Ich bin", worüber auch der große Nisargadatta Maharaj gelehrt und gesprochen hat. Er war Schüler von Shri Ramana Maharshi. Es wurde eine visuelle Reise in die Ursprünge des Seins!

Auch mein Meister Shri Ranjit Maharaj, den ich öfter in Deutschland und Frankreich traf und der mir ja in seiner Todesstunde in San Francisco in der Gnadenkirche erschienen war, betonte immer wieder: Verstehen ist Realisierung bis in die Körperebene, obwohl man nicht der Körper ist! Ich habe ein wunderschönes Bild von Nisargadatta und Shri Ranjit Maharaj in jungen Jahren, sie waren eng befreundet.

Einige Tage später wollten wir den heiligen Berg Arunachala, ein spezieller Platz von Shiva, umrunden. Man musste schon sehr früh aufstehen, lange vor Dämmerung und Sonnenaufgang. Gutes Schuhwerk und leichte Kleidung ist wichtig. Wir begegneten mehreren Sadhus, Pilgern in orangefarbenen Gewändern, die von Almosen und Besuchern leben.

Da wir nicht genug kleine Rupien-Scheine und Münzen hatten, wechselte mein Freund Edy bei ihnen größere Scheine und wir belohnten sie dann dafür. Die Sonne stand schon lang am Himmel und um die Mittagszeit erreichten wir wieder unseren Ausgangspunkt und waren vollkommen k.o.!

In der Nähe des Ashrams besuchten wir andere Heiligtümer und Pagoden mit heiligen Männern und in Stein gehauenen wunderschönen Fresken, Geschichten in Stein gemeißelt aus dem Hinduismus, Wunderwerke der Baukunst, Symbole und andere Kostbarkeiten.

Im Innern wurden überall Riten und Pujas abgehalten, eine andere Welt! Mit hoher Symbolik.

Überall roch es nach Räucherwerk, Blüten und anderen exotischen Gerüchen.

Wir nahmen Abschied!

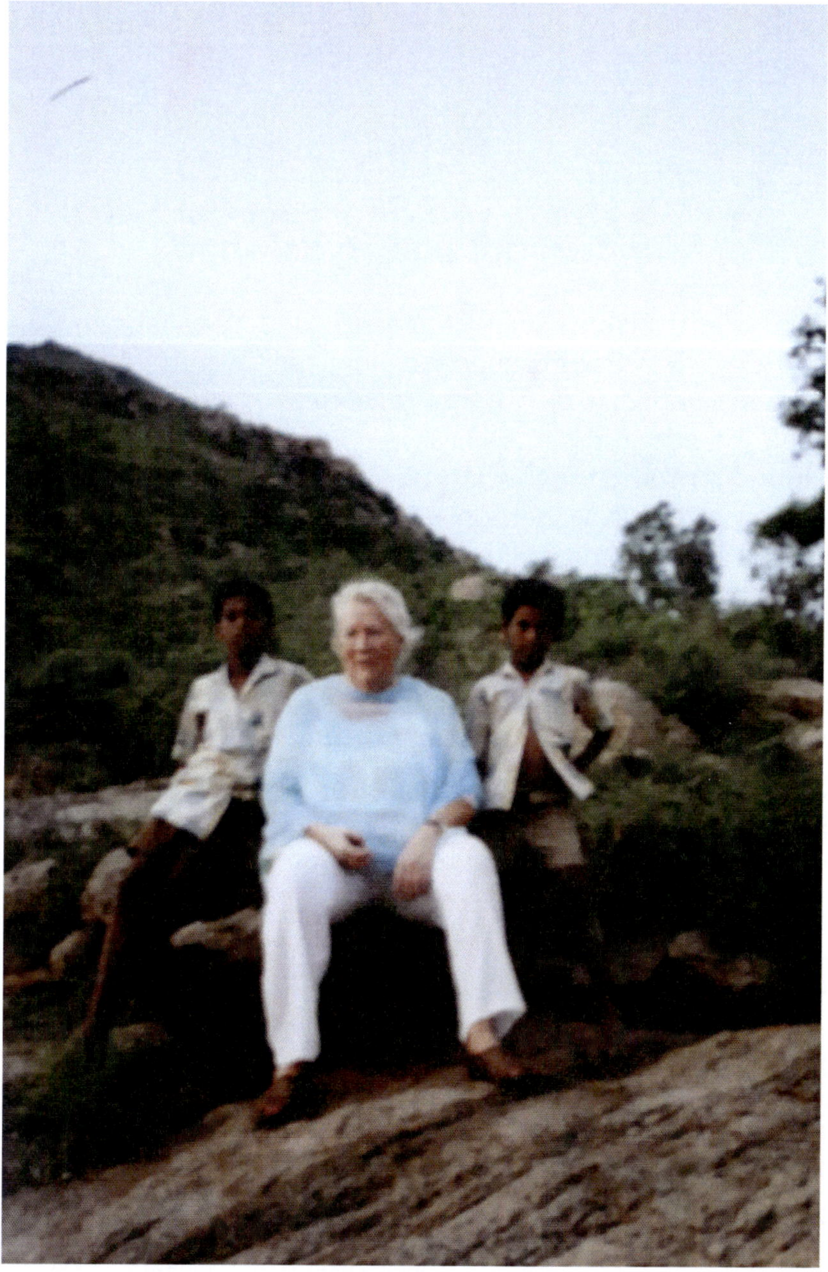

Zwei Ashrams von Shri Bala Sai Baba in Kurnool und Hyderabad

Wir sollten unsere Reise fortsetzen und den Ashram von Shri Bala Sai Baba besuchen. Ich kannte ihn schon von seinem Wohnsitz in Kurnool an einem großen Fluss. Ich hatte ihn schon dreimal vorher in seinem Ashram besucht. Ein junger Avatar, der auch die Siddhi-Kräfte beherrschte. Er fragte uns in Hyderabad, warum wir erst jetzt kämen? Ich erklärte ihm, dass ich schon immer den Tempel von Shri Ramana Maharshi besuchen wollte und den heiligen Berg Arunachala, ein besonders Pilgerort für Shiva-Devotees.

Der Ashram war überfüllt, und wir suchten uns ein Hotel in der Stadt, namens „Woodstock". Wir konnten mit der Rikscha morgens und abends hin und zurück pendeln. Wir trafen dort viele Bekannte. Wir saßen im Satsang und beim Bhajansingen und hielten uns tagsüber im Ashram auf. Wir hatten sehr interessante Gespräche und Shri Bala Sai Baba beantwortete unsere Fragen.

Einmal war ich mit 23 Personen an seinem Geburtstag im Januar bei ihm in Kurnool. Es waren tausende Pilger zum Fest angekommen. Alles war mit Blumen und Girlanden geschmückt, große Zelte waren aufgebaut und für all die Menschen wurde auch gekocht. Die Musikanten spielten schon morgens früh zum Wecken auf. Tänzer und Sänger kamen aus Kerala. Es wurden Schauspiele aus dem Leben von Krishna aufgeführt, und viele Persönlichkeiten aus Politik und dem öffentlichen Leben waren angereist. Shri

Bala Sai Baba hatte Schulen und Internate bauen lassen. Es gab eine Krankenstation und einen Operationswagen, die chirurgische Eingriffe für viele Inder an den Augen vornahmen, um sie vor dem Erblinden zu beschützen. Es wurden auf der Bühne feierliche Reden gehalten, und man bat mich auch, vor den Indern zu sprechen.

Mein Englisch ist bestimmt nicht gut und ich bat um einen Übersetzer. Shri Bala Sai Baba aber hielt das nicht für nötig. Ich rief alle Engel und Schutzgeister an, mir zu helfen und so stand ich da auf der Bühne und sprach. Ich weiß nicht mehr, was aus mir herauskam, aber die Menschen waren berührt. Ich wurde von vielen danach eingeladen und hätte gut ein paar Monate bleiben können. Danach bekamen wir noch ein ganz persönliches Interview von ihm.

Indien war immer für mich ein Stück zu Hause, wo ich Wurzeln hatte.

Hilfsmittel in der Praxis

Immer wieder zog es mich nach Hause, zurück nach Deutschland.

Meine Freunde und Patienten warteten auf mich. Meinen Beruf liebte ich über alles - es kamen auch viele schwere Fälle in meine Praxis. Vieles konnte ich mit Logik und meinem Verstand nicht lösen. Ich nahm jeden Menschen und jedes Problem dankbar an. Jeder Fall und alle Verläufe der Erkrankungen waren anders.

Ich versuchte doch wenigstens Mut und Erleichterung zu verschaffen und mit Gottes Hilfe eine Möglichkeit zu erarbeiten. Oft hatte ich nur die Geburtszahlen, in den Ephemeriden konnte ich die astrologischen Aspekte anschauen. Mit vielfältigen Methoden, wie zum Beispiel der Antlitzdiagnostik, der Irisdiagnose, auch der Fußreflexzonenmassage, konnte ich tiefer schauen. Immer nahm ich den ganzen Mensch in Augenschein, weil alles in allem sich widerspiegelt.

Schon als Kind war ich mit der Astrologie vertraut, obwohl ich es nie gelernt hatte. Wo die Planeten sich im Augenblick befanden, wusste ich immer und durch meine angeborene Hellsichtigkeit konnte ich brauchbare Schlüsse ziehen. In meiner Familie eher zum Unwohlsein der Erwachsenen – das Kind spinnt – das Kind wurde bestimmt bei der Geburt vertauscht!

Manchmal nahm ich auch Hilfsmittel in Anspruch zur Spiegelung der Persönlichkeit, zum Beispiel die germanische Runenreihe von Ralph Blum „Die Tradition des

Orakels", wie auch das „I Ging", das Buch der Wandlungen des Unterbewusstseins. Im geistigen Leben hilft einem kein Schwung, man steht immer am Anfang. Trotzdem kann es helfen in der Kunst der Selbstveränderung.

Mein Mann nannte das immer die Kunst der brotlosen Künste; denn schon sehr früh entdeckte ich die Gabe des Kartenlegens, des Tarots, der Zahlen und natürlich auch die Astrologie, die eigentlich die älteste Wissenschaft ist. Sie wurde von den Kirchen verteufelt, aber die großen Heerführer bedienten sich der Astrologie und hatten dementsprechend ihre Botschafter, die voraussagten, ob es eine günstige Zeit war, ob man Fortuna (Glück) hatte.

Diese Hilfsmittel benutzte ich mehr so zum Spaß und stellte oft fest, wie genau sie die Gegenwart und die Vergangenheit spiegelten. Aber verfolgt man diese Dinge intensiver, stellt man fest, dass große Köpfe und Gelehrte sich dieser Thematik bedienten, ebenso die alten Ägypter sowie in der Urquelle der Kabbala. Die eingeweihten Forscher aber haben mehr verschwiegen als angedeutet. Vielen Pseudo-Okkultisten hingegen fehlten die wahren Schlüssel, so dass sich Profanisierung und Missbrauch in bescheidenen Grenzen hielten. Die wahre Bedeutung des Tarot oder der Kabbala muss in unserer Zeit erst wieder erarbeitet werden.

Durch meine Indienreisen vertieften sich diese Erkenntnisse – besonders durch die Stille, die vertiefenden Meditationen, die ich in den Ashrams erfuhr. Erst heute erkenne ich, was für mich durch Gnade im Einklang mit der göttlichen Matrix möglich war – ich kann heute gerade auch durch die Bücher von Gregg Braden erkennen, was mich die Dinge schon vor 30 Jahren erkennen ließen. Mit Worten konnte ich es nicht erklären.

Ägypten – Reise in die Vergangenheit

Diese Reise fand im November bis zum Dezember 2001 nach dem Angriff auf das World Trade-Center in New York statt. Meine Meditationsgruppe wollte schon immer mit mir in den Urlaub fahren und zwar nach Ägypten. Wir haben eine Freundin, namens Leila, Ägypterin, die hier mit einem deutschen Ehemann verheiratet und in Kairo geboren ist. Nach dem schweren Angriff in Amerika am 11.September 2001 stand aber unsere Reise auf der Kippe. Nach längerem Überlegen entschieden wir uns aber doch mit folgender Reiseroute zu reisen; zuerst nach Kairo zu den Pyramiden Gizeh, danach flogen wir nach Assuan (Stausee) und von dort fuhren wir mit dem Schiff, namens „Nil Beauty", auf dem Nil bis nach Luxor und dann durch die östliche Wüste mit einem Autokonvoi ans Rote Meer nach Hurghada. Wir hatten uns viel vorgenommen und so reisten wir mit 12 Personen ins Abenteuer.

Im Urlaubsland angekommen erreichten wir Kairo in wunderschönem Sonnenschein. Die Stadt lag ruhig da und wir bezogen das „Sheraton-Hotel". Wir wunderten uns über die Ruhe; denn auch unsere Unterkunft war nur zu einem Drittel von Touristen belegt. Die Menschen waren vom Anschlag in New York verunsichert.

Wir besuchten zuerst das große Museum in Kairo mit seiner ganzen Geschichte und in mir stieg immer mehr Beklemmung hoch. Meine Freunde riefen mich und sagten: „Guck mal, da sind die ganzen Organe von den

Mumifizierungen drin." Ich vernahm sofort den Geruch in meiner Nase und war total in das Geschehen von vor Tausenden von Jahren zurückversetzt! Mir war gar nicht gut und ich musste an die frische Luft.

Ich hatte ja im Senckenberg-Museum in Frankfurt mit Mumien so meine Erfahrung gemacht und wurde halb ohnmächtig, wenn ich auf einem halben Meter näher kam. Mein damaliger Lehrer erklärte mir damals, ich hätte diese Ägypter einbalsamiert und diese Energie sei auch nach Tausenden von Jahren noch präsent! Ich wusste durch Rückführungen von Inkarnationen in Ägypten. Ich war dort stets Priesterärztin bei den Pharaonen und in altes Wissen eingeweiht.

So möchte ich hier noch einfügen, dass ich wegen Augenerkrankungen und Lähmungen durch Freunde zu einer hellsichtigen Essener Ärztin, Gabriele Münchert, in Stuttgart geführt wurde. Sie hatte dort eine Praxis für Naturheilkunde und behandelte die Menschen mit Edelsteinen energetisch und mit aufgestiegenen Meistern, die sie führten. Ich legte mich auf ihre Liege und erzählte ihr von Ägypten, von Ramses den II, den ich vor meinen geistigen Augen schrecklich fand und sie sagte mir dann, sie sei seine Tochter gewesen!

Ich war erschrocken, so ein Zufall – und die Priesterärztin würde von Serapis Bey gechannelt werden. Sie könne mir aber nicht helfen und ich selbst würde entscheiden, ob ich hier auf der Welt bliebe, es stünde fifty fifty, also halb und halb. Sie nahm kein Geld von mir und entließ mich. Überall wurde ich mit meiner Vergangenheit konfrontiert. Ich wusste von Serapis Bey, dass sein ätherischer Körper über der Stadt Luxor liege. Da kamen wir ja noch hin.

Wir besichtigten also die Tempelanlagen von Pharao Ramses den II. Er regierte um 1250 vor Christi und war überall in Übergröße in Stein gehauen präsent. Danach besuchten wir die herrlich ausgestattete Sultan-Hussan-Moschee. Sie wurde gerade renoviert, aber wir konnten trotzdem ins Innere. Sie hatte mächtige Ausmaße als Ausdruck von Macht und Majestät.

Aber auch die Christenheit hatte hier heilige Plätze. Wir suchten die Asylstätte von Jesus, Maria und Josef auf, die auf der Flucht nach Ägypten vor König Herodes geflohen waren. Es war eine wunderschöne Anlage, sehr gepflegt. Danach besuchten wir auch eine koptische Kirche in Alt Kairo. Der westliche Einfluss, der durch die Handelswege zwischen Ägypten und den italienischen Seerepubliken ins Land gekommen war, prägte deren Baustil. Es boten sich auch große Steinbrüche zur Besichtigung an. Alle Heiligtümer zeugten von der großen Baukunst dieses Landes.

So kamen wir auch nach Gizeh, um die großen Pyramiden und Sphinx zu bestaunen. Was musste dieses Volk für eine Verbindung zu den höheren Welten haben?! Die Pharaonen waren ja „Gott-ähnlich" und wurden so auch in den Tempeln und Einweihungsstätten verehrt und nach ihrem Tod noch weiter verherrlicht! Sie wurden mit vielen Gaben, Gold und Prunk mit Heiligtümern für die Ewigkeit ausgestattet. Die Pyramiden sind schon sehr beeindruckend.

Am Gelände südöstlich der Sphinx finden abends oft Klang- und Licht-Veranstaltungen statt, zuweilen auch Opernaufführungen. Östlich der Sphinx werden auf traditionelle Weise Papyri aus Papyruspflanzen manuell hergestellt. Wir konnten unseren Namen aufschreiben und abgeben: Ich hatte zu Hause einige Geschenke in Form von Papyrus bekommen, von Gottheiten und auch Skarabäen und die Darstellungen waren in Form von Hieroglyphen angeordnet, einer Bildersprache.

Am meisten beeindruckten mich die Denkmäler mit Pfeilern und Säulen, ihren Kapitellen und ihre enormen

Größen. Auch das Goldhandwerk hatte goldenen Boden und Parfümerien mit ihren Flacons ließen unsere Herzen höher schlagen.

Dann kamen wir auch ins Tal der Könige. Man glaubte an das Weiterleben im Jenseits und ebenfalls an die menschliche Seele und deshalb an die Einbalsamierung der Leichname. Es waren nur immer wenige Gräber zur Besichtigung frei gegeben. Wir haben einige gesehen – beeindruckend.

Danach flogen wir nach Assuan. Der Assuan-Hochstaudamm ist ja bekannt und wurde von den Russen erbaut. Assuan, die südlichste Stadt des Landes bezaubert durch die paradiesische Lage am Nil. Zwischen den Nilinseln und der Stadt pendeln Segelboote. „Old Cataract", unser Hotel, lag direkt am Flussufer und auf der anderen Seite konnte man das Mausoleum von Aga Khan sehen. Er war das geistliche Oberhaupt der Ismailiten-Sekte der Hodschas. Seine Frau, die Begum, die aus Frankreich stammte, ließ an dieser wunderschönen Stelle das Bauwerk errichten.

Nun begann ein wundervoller Teil unserer Reise von Assuan nach Luxor auf dem Nil mit der „Nil Beauty". Ein mittelgroßes Schiff, nur ein Drittel besetzt, großzügige Kabinen und sehr gutes Essen. Das war Erholung pur auf dem Sonnendeck und in traumhafter Landschaft, mit Stopps in Kom Ombo, Edfu, El Kab, Esna und dann Luxor. Überall waren Tempelanlagen zu besichtigen und die Geräusche nachts auf dem Nil eine besondere Erfahrung mit leichtem Gluckern und Wiegen.

In Luxor war unsere Reise auf dem Wasser zu Ende und wir verließen das Schiff. Schade! Man kann in Luxor nicht nur die ägyptischen Tempel, sondern auch das Leben in einer ägyptischen Stadt studieren. Nördlich von Luxor dehnt sich die Tempelanlage von Kornak aus. Für die Pharaonen galt der dortige Amun-Tempel als das Heiligtum des Hauptgottes von Theben, als großartigstes Bauwerk seiner Zeit. Man kommt aus dem Staunen gar nicht heraus, was zur damaligen Zeit für Monumente geschaffen wurden. Die Reliefs und übermächtigen Säulen erzählen die Geschichte dieses Volkes am Nil.

Eine gepflasterte Straße, die beiderseits von liegenden Widderfiguren umrahmt ist, führt zu dem Heiligtum, dem Tempel von Kornak. Die riesigen Obelisken ragen weit in den Himmel und man fragt sich, wie die Menschen diese Bauschwierigkeiten überhaupt gemeistert haben. Die Bauten und Säulen sind so riesig, dass es nahezu unsere Vorstellungskraft übersteigt. Da müssen übernatürliche Kräfte am Werk gewesen sein!

Fast erschlagen von den Eindrücken ist die Hälfte unserer Gruppe zurück nach Deutschland geflogen und der Rest reiste mit einem Kleinbus in einem Autokonvoi durch die östliche Wüste ans Rote Meer. Es hat mit dem Tross Stunden gedauert, bis wir wohlbehalten in Hurghada ankamen. Unser Hotel lag direkt am Meer. Wir bezogen die Zimmer, um uns dann zum Abendessen zu treffen. Am Himmel zeigten sich die ersten Sterne und wir liefen über den Sand noch schnell mal zum Wasser. Nun wollten wir aber zum Büffet. Rund um uns sprach alles russisch. Die osteuropäischen Menschen wollten nun auch was von der Welt sehen und stürmten das Abendbüffet. Andere Länder, andere Sitten, meine Gruppe war entsetzt, aber am anderen Morgen sah schon alles anders aus und die anderen Gäste waren abgereist.

Jetzt fing unsere Erholung an. Das Rote Meer war kristallklar, die Fische schwammen uns durch die Beine, es war das Paradies! Es war eine wunderschöne, erlebnisreiche Reise mit unvergesslichen Eindrücken von einer anderen

Welt. Am Schluss wurden wir privat von einer moslemischen Familie zum Essen eingeladen. Wir waren acht Personen. Sie wollten uns ihre Freundschaft sowie ihre Wohn- und Esskultur vermitteln. Ihre Wohnung war sehr großzügig und sehr geschmackvoll eingerichtet und sie verwöhnten uns mit vorzüglichen Speisen und Getränken. Sie wollten, dass wir sie in guter Erinnerung behielten.

Als ich die Eindrücke nochmal Revue passieren ließ, stellte ich fest, dass ich in fast allen Weltmeeren geschwommen war: die Nordsee, die Ostsee, das Ijsselmeer in Holland, das Mittelmeer, der Atlantik, der Pazifik, der Indische Ozean und nun das Rote Meer.

Wie dankbar bin ich immer, das alles erleben zu dürfen!

Mysteriöse Beweise von russischen Wissenschaftlern und anderen

Es fand e i n f a c h s t a t t – weiß Gott. Ich bin weder wissenschaftlich ausgebildet, noch hatte ich Einblicke in dieses Wissen, ich wusste nur, es kam bei mir nicht vom Verstand, sondern es fand in mir statt.

So wie Wissenschaftler der alten Schule davon überzeugt sind, dass etwas, was man nicht messen kann, auch nicht existiert, so ging man davon aus, dass zwei in der physikalischen Welt voneinander getrennte Dinge einen Einfluss aufeinander haben.

Die russischen Wissenschaftler Arkadij Petrov und Grigori Grabovoi beschrieben eine Reihe von Experimenten, die zu der Vermutung Anlass geben, dass die menschliche DNS eine direkte Wirkung auf die physische Welt hat und zwar ihrer Meinung nach durch ein verbindendes, neues Energiefeld! Dr. Petrov besuchte ein amerikanisches Institut und wiederholte die Experimente mit gleichen Ergebnissen. Er meinte, dass diese Entdeckung von höchster Bedeutung, mit dem tiefgehenden Verständnis der subtilen Energie, der Phänomene für Heilung und alternative Methoden sei. Zunächst entfernten sie aus einer Röhre alle Luft und erzeugten damit ein Vakuum. Allgemein versteht man ja unter Vakuum etwas vollkommen Leeres. Die Wissenschaftler wussten natürlich, dass noch etwas übrig bleibt, auch wenn alle Luft entfernt wurde, und zwar die Photonen. Man untersuchte zuerst, wie sich die Photonen im Raum verhielten, ob sie überall waren, oder an den Wänden, oder zu Boden sanken. Überraschend war das Ergebnis nicht. Die Photonen verteilen sich in vollkommen ungeordneter Weise im Raum. Sie waren überall.

Beim nächsten Schritt wurden Proben menschlicher DNS in die Röhre gebracht. Mit der DNS reagierten die Teile „so", wie es niemand erwartet hatte. Also in Gegenwart von lebendigem Material ordneten sie sich auf andere Weise im Raum an. Offensichtlich hatte die DNS in diesem Fall einen direkten Einfluss auf die Photonen, als könne sie durch unsichtbare Kraft regelmäßige Muster formen. In den Grundsätzen der konventionellen Physik ist so etwas nicht vorgesehen! Die nächste Überraschung kam, als man die DNS wieder aus den Behältern nahm. Die Photonen blieben in ihrer geordneten Verteilung als wäre die DNS noch anwesend. Was für die Wissenschaftler völlig überraschend und entgegen aller Annahmen war.

Es war etwas sehr Geheimnisvolles am Werk und man kam zu dem Schluss: Es gibt eine Art von Energie, die bislang noch nicht erkannt wurde. Durch diese Energie können Zellen, kann die DNS Materie beeinflussen. Dass wir auf unsere Umwelt eine direkte Wirkung haben – das war früher schon bekannt. Die Weisheitslehren waren seit Jahrhunderten den Weisen heilig, genau wie unsere alten Traditionen und spirituellen Texte. Diese Wirkung ist belegt und real kein Wunschdenken und keine New Age Erfindung. Man kann heute diese revolutionären Demonstrationen experimentell nachvollziehen, also belegen.

Es wurde zweifelsfrei auch bewiesen, dass menschliche Gefühle eine direkte Wirkung auf die Funktionen unserer Körperzellen haben. Bei mir selbst habe ich das immer wieder festgestellt. Dabei scheinen Entfernungen keine Rolle zu spielen, das heißt, dass Gebete schon angekommen sind.

Erfahrungen mit Mario Mantese – Meister M

Auch in unseren Breitengraden gibt es große Männer, die von sich reden machen.

So hörte ich von Mario Mantese, Meister M. Auch er hat eine ungewöhnliche Biographie: *Begegnung mit einem Meister aus dem Land der Stille.* Mario Mantese war Mitglied der amerikanischen Soul-Gruppe „Heatwave". Auf dem Höhepunkt seiner erfolgreichen Musikerkarriere wurde er nach einem Gala-Auftritt in London mit einem Messer niedergestochen. Es traf ihn mitten ins Herz! Mehrere Minuten war er klinisch tot und als er fünf Wochen danach aus dem Koma erwachte, war er blind, stumm und am ganzen Körper gelähmt. Während dieser Todeserlebnisse wurde ihm bewusst, dass er auch ohne seinen physischen Körper weiterlebte! Diese Erfahrungen bewirkten bei ihm tiefgreifende Veränderungen und mit einer großen Klarheit erwachte er zur Totalität.

Zuvor reanimierte und operierte man ihn sieben Stunden lang. Durch ein Blutgerinnsel im Gehirn kam es zu all den Behinderungen. Aber er hatte einen unbändigen Lebenswillen und wollte seine körperlichen Behinderungen überwinden. Langsam begann er zu genesen.

Seit dieser Zeit schreibt er Bücher und gibt Seminare in der Schweiz, in denen er seine tiefen Einsichten und Erfahrung weitergibt. In diesen schildert er auch Begegnungen mit spirituellen Meistern im Himalaya. Er nimmt den Menschen, die zu ihm kommen, ihre Fragen und erlöst ihre gefangenen

Seelen. Vor zwanzig Jahren hatte ich ihn getroffen. Er ist in seinen Bewegungen noch immer eingeschränkt und ich musste ihm sehr konzentriert zuhören, wenn er sprach. Die Liebe und Weisheit, die er vermittelt, öffnet dem Zuhörer ganz neue Einsichten.

Als die Zahl der Anhänger immer größer wurde, gründete er die inneren Kreise, Qualitätszirkel, die er besonders förderte, mit Auflagen, wie Verzicht auf Fleisch, Alkohol, und Drogen. Bei geistigen Arbeiten ist eine reine Aura hilfreich und für die Weiterentwicklung sicherlich von Bedeutung.

Auch ich war in einem inneren Kreis. Wir wurden besonders geschult – immer war ein anderer Kreis aktiv. Aus gesundheitlichen Gründen musste ich ab und zu Geflügel und Fisch essen. Ich brauchte Eiweiß (Schilddrüse etc.). So verließ ich den inneren Kreis. Ich wollte mich ja nicht selbst belügen.

In der Arbeit mit Meister M wurde vieles bewirkt. So habe ich innerlich mit meiner Mutter Frieden geschlossen. Er hat mir geholfen, auf subtiler Ebene meine Mutter besser zu verstehen. Immer ist etwas passiert, ich habe ihn in sehr wacher Erinnerung und bin dankbar, ihn getroffen zu haben. Er ist immer noch in meinem Herzen.

Heilungen bei Joao de Deus mit dem Regisseur Clemens Kuby

Im Jahr 2006 kamen dann auch Heiler aus Brasilien nach Deutschland in die Hessen-Halle in Alsfeld. Große Zentren, die einige tausend Teilnehmer fassten, wurden angemietet. Außerdem war Clemens Kuby, der Regisseur von „Little Buddha", mit seinem Filmteam eingeladen. Er wollte die Heilungen filmen. Die Menschen hörten den Einführungen zu. Die Vorbeter für die einzelnen Blocks mit ca. 2-3 Personen beteten ununterbrochen das VATER UNSER und das AVE MARIA. Der große Saal war angefüllt mit Gebeten, mit Ruhe und Frieden.

Der Heiler Joao de Deus war Medium, verbunden mit mehreren großen Meistern, Ärzten, wie Dr. Fritz, Ignatius von Loyola, Begründer des Jesuitenorderns, Jesus Christus, um nur einige aus der jenseitigen Welt zu nennen. Sobald eine Wesenheit von dem Heiler Besitz ergriff, war er wie verwandelt. Er saß etwas erhöht und in Reihen aufgestellt zog man an ihm vorbei. Er schaute jeden intensiv an und bestimmte, was mit ihm geschah. Alle empfingen seinen Segen und er bestimmte, wer operiert werden würde. Zu mir sagte er auch Operation.

Wir versammelten uns in einem kleinen Raum in Stille. Er kam in den Raum und sprach seine Gebete und Fürsprachen und bat um geistige Operation jedes Einzelnen. Jeder von uns war in Gedanken bei seinem Problem. Nach ungefähr 20 Minuten verließen wir den sogenannten Operationsraum (alles mental). Nebenan waren Liegen aufgestellt, wo man sich ausruhen konnte und betreut wurde. Ich hatte eine wahnsinnige Hitze im ganzen Körper, ich dachte ich verbrenne. Nach einiger Zeit erholte ich mich. Von nebenan kam eine Durchsage, dass alles abgebrochen werde, weil das Kamerateam von Clemens Kuby zu nah an den Heiler gekommen sei und die geistigen Wesenheiten sich dadurch zurückgezogen hätten. Am nächsten Tag sollten die Zeremonien weitergeführt werden. Es war ein Erlebnis ganz besonderer Art.

Clemens Kuby, der Regisseur von „Little Buddha", hat ein besonderes Schicksal erfahren. Vor einigen Jahren war er vom 13. oder 14. Stockwerk eines Hausdaches in die Tiefe gestürzt, hatte das überlebt und konnte wie durch ein Wunder ohne Rollstuhl heute nach Jahren wieder gehen, obwohl er nach ärztlichem Befund querschnittsgelähmt war! Über seine Erfahrungen hat er Bücher geschrieben, faszinierend!

Meine Praxis lief ganz gut und ich bekam sehr viele Patienten in der Krebsnachsorge (hatte die Krankheit ja selbst), viele kuriose Fälle von anderen Leiden, Menschen die schon austherapiert waren. Mein Beruf machte mir große Freude, und mit großer Dankbarkeit an Gott geschahen oft ganz erstaunliche Heilungen, zum Erstaunen meiner Patienten und mir.

Oft wurde ich gefragt, was ich denn gemacht habe.

Daraufhin konnte ich meist nur sagen: „Es hat etwas stattgefunden, bedanken Sie sich beim lieben Gott!"

Schamanentreff in Kaufbeuren

Ein reger Austausch fand stets bei den Besuchen mit den Vertretern der pharmazeutischen Firmen statt. Eines Tages bekam ich von einem sehr netten, angenehmen Vertreter seiner Zunft eine Einladung nach Kaufbeuren in ein Kloster. Eine Woche lang fand nur für geladene Gäste ein großes Schamanentreffen statt mit Meistern aus Afrika, Amerika und dem Burgenland. Das Kloster war sehr einladend mit herrlichen Deckenmalereien in den einzelnen Zimmern.

Ein großer Saal war für die einzelnen Referenten, Schamanen eingerichtet. Zuerst sprach ein Indianerhäuptling, der Hubschrauberpilot im Vietnamkrieg war. Schwerstverwundet kam er nach Amerika zurück.

Man hatte ihm das Schädeldach weggeschossen und so trug er eine Metallplatte zum Schutz. Er hatte seine Frau und weitere Gäste mitgebracht. Nahezu fünf Stunden erklärte er uns das Medizinrad der Indianer. Keiner durfte den Raum verlassen.

Später traf ich die Squaw mit einer kleinen Person an der Seite mit Turnschuhen. Sie meinte, ich hätte viel Licht um mich herum. Ich sagte: „Na, die anderen aber auch." Ich mochte nicht, wenn man mir schmeichelte. Wie oft war ich sicher schon dadurch gestolpert? Das kleine Ego bläht sich immer gern auf und das wollte ich nicht!

Ein paar Wochen später bekam ich von einer Patientin eine Esotera-Zeitschrift geschenkt. Beim Durchblättern erkannte ich anhand eines Fotos die kleine Person. Sie war eine sehr bekannte amerikanische hellsichtige Delphinforscherin, ja, so klein ist die Welt. Der äußere Schein trügt oft.

Als nächster Redner betrat ein Afrikaner mit einer besonderen Kopfbedeckung und langem Talar das Rednerpult. Er sprach französisch. Übersetzt wurde er von einem belgischen Künstler. Er erzählte viele spannende Geschichten und von seinem Land Obervolta (Burkina Faso). Er wolle im nächsten Leben als Frau wieder geboren werden, weil er das Weibliche so verehre. Er fragte uns, warum wir Jesus gekreuzigt hätten, der doch so voller Liebe war?

Später konnte man ihn aufsuchen und Fragen zum Leben stellen. Ich entschloss mich, zu ihm zu gehen, da ich ja gerade meine große Krebsoperation hinter mir hatte. Wir saßen in seinem Zimmer, mit seinem Übersetzer. Vor ihm lag ein großer Sack und er bat mich, mit der linken Hand zu greifen, was ich fassen konnte und es auf den Boden zu werfen. In meiner Hand befanden sich Nägel und Muscheln. Ich warf sie nach unten auf den Boden.

Er machte daraus ein Orakel und fing an zu erzählen: „Sie hatten Krebs und sind von Ihrem Mann geschieden, der sie aber noch immer liebt. Sie werden eine Fünf-Zimmer-Wohnung bekommen." „Wovon soll ich die denn bezahlen," entgegnete ich ihm. Er meinte, es würde sich alleine regeln. Ich sollte ihm versprechen, mit den Menschen zu meditieren, sonst würde er mich mit nach Afrika nehmen.

Dann sagte er, es ginge noch einmal mit mir schwer den Bach hinunter, doch ich werde es wieder schaffen! Nach einigen Monaten hatte ich die Wohnung mitten in der Stadt mit Praxis. Das Haus gehörte zwei Ärzten und sie wollten mich unbedingt als Mieterin haben. Als ich umgezogen war, bot ich meinen Patienten und Freunden Meditation an. Dies machte ich fast immer einmal wöchentlich über 15 Jahre lang.

Es wurde eine wunderbare Gemeinschaft und bis heute ist das auch so geblieben! Wir lasen aus den verschiedenen heiligen Schriften aller Religionen, es gibt ja auch nur einen göttlichen Ursprung, und wer mit dem Herzen betet, wird auch erhört.

Zugegen war in Kaufbeuren auch ein Druide aus dem Burgenland, der angeblich den Heiligen Gral hütete. Er betrat das Rednerpult und schaute uns intensiv an! Er wollte seine Stärke und sein Wissen demonstrieren und uns zeigen.

Er fragte: „Wer meldet sich freiwillig, um nach vorne zu kommen?" Neugierig wie ich immer war, hob ich meine Hand.

„Nein, nein", meinte er, „ich brauche einen Mann".

Ein Arzt stand auf und schon auf dem Gang nach vorne zeigte der Druide mit dem Zeigfinger auf ihn, und er ging auf die Knie. Er stand wieder auf und der Druide lies dann weitere sechs Männer auf die Bühne kommen.

Er sagte: „Haltet diesen Mann fest, ich werde jetzt meine Energie in ihn schicken, und ihr versucht ihn festzuhalten."

Er wollte den Mann senkrecht vom Boden aufsteigen lassen. In Sekundenschnelle lagen die sechs Männer auf dem Boden. Der Arzt erhob sich bestimmt einen Meter senkrecht in die Höhe und fiel dann wieder zu Boden. Alle erhoben sich. Die starke Energie spürten wir alle im Sonnengeflecht. Es gibt sonderbare Dinge. Wir waren so beeindruckt über die Kraft der Energie eines einzelnen Menschen! Auch er war ein großer Heiler, hellsichtig und ein großer Magier. Magie ist weder schwarz, noch weiß, noch grün, es ist einfach eine große Kraft. Was man damit macht oder bezwecken will, ob man sie zu großem Nutzen einsetzt, manipuliert oder missbraucht, großen Respekt habe ich vor dieser Macht. Dieses Erleben erinnerte mich an den Zauberlehrling: „Wehe dem, der sie missbraucht!"

Durch Askese und große Willensübungen kann man viele Dinge beherrschen und Siddhi-Kräfte entwickeln, dies ist jedoch nicht die göttliche Absicht, es sind vor allem EGO-Spiele, wie auch Fakire in Indien und andere Naturvölker, die diese Kräfte auch durch Drogen benutzen.

Der Geist bestimmt die Materie, aber Gott erreichen können wir durch solche Spielchen nicht! So endete eine Woche mit den Schamanen und Heilern in diesem Kloster. Man hatte danach viel Zeit darüber nachzudenken.

Gerade als ich jetzt weiter schrieb, kam der Briefträger und brachte die Post. Es befand sich eine erneute Einladung von Joao de Deus (Sohn Gottes) aus Brasilien dabei. Er wollte erneut nach Deutschland kommen, vom 10.-13. November in der Hessen-Halle in Alsfeld und Internationale „Spezialisten öffnen ihre Schatztruhe", A new Spirit of Health, Heilung auf allen drei Ebenen von der Open Mind Academy mit Gruppen von Wissenschaftlern, Ärzten und Therapeuten.

Immer mehr Menschen öffnen sich für die ganzheitlichen Heilungsmethoden, Quantenheilung Dr. Kislow, Geistheilung, spirituelle Heilung, was früher oft sehr mitleidig belächelt wurde. Es beginnt eine neue Zeit! Selbst Medien berichten heute ausführlich darüber.

Man kann die Organisationen auch über das Internet erreichen. Auch Joao de Deus hat in Brasilien ein großes Heilungs-Center. Man kann dort hinreisen in liebevoller Begleitung in die Casa de Dom Snazio Akademica mit Nishada; sie übersetzt von Deutsch ins Portugiesische und trägt alle Anliegen der Patienten dem Heiler vor. Ich habe sie damals schon kennengelernt.

Wir sind ja an einer großen Zeitenwende, wo vieles gleichzeitig passiert. Östliche Mystik mit westlicher Realität.

Shri Vishwananda
ursprünglich aus Mauritius

Ich habe sehr gute, liebevolle Freunde und wir tauschen uns auch aus. Eines Tages rief mich meine liebe Freundin Lilo an. Wir sind im steten Austausch. Sie erzählte mir von einem jungen hübschen Meister, namens Shri Vishwananda, der Hindu ist, und der im Hunsrück ein Zentrum hat. Er verkörpert auch die Lehren von Paramahansa Yogananda, der lange in Amerika und ursprünglich in Indien (Shri Yugteswar Giri = sein Lehrer Shri = Meister) gelebt hatte. Er ist schon länger aus seinem Körper gegangen und nicht verwest. Man könnte ihn besuchen.

Shri Vishwananda reiste öfter zu Vorträgen in deutsche Städte und auch ins Ausland. Dieser junge Meister stammt aus Mauritius und hat dort auch einen Ashram. Er ist außergewöhnlich in einem wunderschönen Körper und mit einer wunderbaren Ausstrahlung. Mir wurde gesagt, dass sein Haus, Kapelle und Wohnsitz der Steffens-Hof sei. Meine Freundin erzählte mir mit Begeisterung von ihm und sie sagte, diesen kleinen Ort kenne meist niemand.

Ich schmunzelte und meinte: Diese Ortschaft kenne ich sehr gut! Meine erste Liebe; als 20Jährige begleitete ich meinen Freund in eine Jagdhütte dorthin, er war Jäger und ein paar Jahre später legte auch ich meine Jagdprüfung ab. Ich wohnte oft bei einer Bauernfamilie und machte dort auch Urlaub. So wurde ich nach gut 50 Jahren wieder an diesen Ort zurückgeführt. Ich war öfter zum Satsang und zu

Feierlichkeiten da oben. Shri Vishwananda erklärte oft die Veden und die einzelnen Götter und Göttinnen.

Die kleine Kapelle wurde renoviert und mit vielen christlichen Heiligen in Lebensgröße ausgestattet, mit Hilfe einer französischen Künstlerin Judith Hildenbrandt, die auch zeitweise dort wohnt.

Nach Erzählungen und Singen von Bhajans konnte man einzeln nach vorne gehen, wurde gesegnet und mit Süßigkeiten, Rosenblättern und Vibuthi (Heilige Asche) beschenkt. Diese Rituale kannte ich von meinen vielen Indienreisen; das Leben im Ashram und an heiligen Orten. Man fühlte sich wieder sehr heimisch und angenommen und ging beglückt nach Hause.

Swami Gurusharanananda und Archarya Mangalananda von Omkareshwar

Von meinen vielen lieben Freunden und Bekannten wurde ich öfter eingeladen, wenn wieder Meister nach Deutschland, speziell auch nach Mannheim kamen. So auch wenn Archarya Mangalananda Maharaj und Swami Gurusharananandaji, Anhänger der großen Heiligen Shri Anandamayi Ma, der glückseligen göttlichen Mutter, nach Mannheim kamen. Ma's Ashram im Westen hatte ich vor Jahren auf Hawaii, auf Big Island besucht. Sie ist in den achtziger Jahren aus dem Körper gegangen und hat auf der ganzen Welt noch viele Anhänger.

Beide unterrichten und arbeiten ehrenamtlich für den Ashram auf Omkareshwar südlich von Indore auf einer Insel im heiligen Fluss Narmada (Indien). Sie unterrichten viele Kinder, bieten ihnen Essen und Unterkünfte und sind fast nur auf Spenden angewiesen.

Darum kommen sie jedes Jahr nach Deutschland und veranstalten Benefiz-Konzerte und unterrichten Swakriya Yoga sowie allgemeines Wissen aus der vedischen Tradition und verbreiten somit auch die Weisheitslehre von Shri Anandamayi Ma im Westen – angeregt durch eine dort aktive Freundin.

Byron Katie mit „The Work"

Sicher haben auch einige Menschen von Byron Katie gehört. Eine Amerikanerin, die Bücher geschrieben hat und Workshops hier in unseren Regionen hält mit: „The Work". Sie hat ebenso eine außergewöhnliche Lebensgeschichte hinter sich mit Alkohol und Depressionen mit ganz schlimmen Erfahrungen. Am tiefsten Punkt ihres Lebens wurde sie wie durch ein Wunder befreit. Ich habe sie im Schwarzwald erlebt; sie hat mich sehr beeindruckt.

Zurzeit erwachen auch sehr viele junge Menschen, und die Frage nach dem Sinn des Lebens stellt sich immer wieder. Wem kann man noch trauen, wem glauben? Die Nachrichten in den Medien kann man kaum noch ertragen. Was tun die Menschen den Menschen an, den Tieren und der Natur? Was wird versprochen und nicht gehalten – alles wegen Profit und Vorteil.

Karim Abedi und Erkenntnisse aus der Non-Dualität

So begegnete ich auch Karim Abedi, der in Berlin lebt und öfter nach Darmstadt kommt. Ein junger Mensch, mit Pudelmütze, wie viele auf der Straße, er hätte gut mein Enkel sein können! Ich war sehr gespannt auf ihn! Er hat ein Buch geschrieben mit dem Titel „Ich bin das du bist". Das erinnerte mich sehr an die Philosophie der Nicht-Dualität von Advaita, die Lehren von Shri Ramana Maharshi aus Indien, der durch die Stille als großer Heiliger auch in Deutschland bekannt wurde.

Karim gehört keiner religiösen oder spirituellen Richtung an. Er selbst fühlte sich der christlichen Mystik, dem Zen, Advaita und dem 12-Schritte-Programm der anonymen Alkoholiker verbunden. Er kam auf diesen neuen Weg durch Drogenkonsum, Entzug, Prostitution, Exzessivität, begleitet von Zuständen der Ichlosigkeit zum tiefsten Punkt seiner Persönlichkeit. Es brach alles um ihn zusammen, sein ganzes junges Leben, und aus dieser Kapitulation heraus traf es ihn wie einen Blitz aus heiterem Himmel: Nicht ich bin, Es ist, oder ER ist, oder alles Sein ist!

Die Hingabe an das „Sein" und die Zurückgezogenheit in die Stille offenbarten ihm etwas wie „Gnade" und damit hinter die Realität zu schauen! Wir sind ja immer noch alle Suchende, obwohl wir ja nie von der göttlichen Quelle getrennt waren. Mit dem Verstand kann „Das" nie begriffen werden, ganz andere Kräfte sind da am Wirken. Man sagt ja auch „Man sieht nur mit dem Herzen gut!" (Antoine de Saint-Exupéry).

Durch meine vielen Krankheiten am eigenen Körper bin ich oft an meine Grenzen gekommen und habe versucht, alles loszulassen, auch das Leben und dann geschah etwas, das ich kaum beschreiben kann. „Wunder geschehen nicht im Widerspruch zur Natur, sondern nur im Widerspruch zu dem, was wir über die Natur wissen", das sagte schon Augustinus.

Albert Einstein meinte: „Es gibt nur zwei Arten zu leben; in dem wir entweder nichts, oder alles als Wunder betrachten." Trotz allem ist die Welt voll davon! Wir müssen die Augen und die Herzen öffnen; denn nur mit dem Herzen sehen wir gut. Wir leben zwar immer noch in der Dualität und den Gegensätzen, doch öfter hebt sich schon der Schleier, und wir dürfen Augenblicke der Einheit erleben. Welchen Sinn macht das alles?

Viele Menschen auf dem spirituellen Weg meinen und verstehen Advaita falsch, man könne alles machen, man wäre es ja nicht! Aber das ist verkehrt verstanden – ich kann niemanden verletzen oder umbringen und sagen ich war es nicht. Wenn man sich weiter entwickelt hat und voller Liebe ist, „kann man keiner Fliege mehr etwas zu leide tun", geschweige denn der Natur, den Tieren und den Menschen! Überzeugungen, Wahrnehmungen und Gedanken sind für uns real.

Was sich zeigt, was erscheint, ist real. Aber real natürlich nur in dem Sinne, dass es vorübergehend im Diesseits erscheint. Solange noch eine Person da ist, bist du mit deiner Individualität in der Geschichte verwickelt, du bist also noch in Raum und Zeit. Wenn die Person wegfällt, dann wird das Spiel vielleicht als Spiel genossen. Das meint das Neue Testament mit den Worten: „Wer das

Reich Gottes nicht empfängt wie ein Kind, der wird nicht hineinkommen." Kinder spielen mit Wonne und denken sich hemmungslos alles Mögliche aus und haben Spaß daran! Unsere Vorstellungskraft ist grenzenlos und man kann vieles aus den morphischen Feldern abrufen. Wir kennen einige Propheten unserer Zeit, zum Beispiel Edgar Cayce, Nostradamus, große Schamanen und Heiler in Brasilien, Afrika, Indien usw. um nur einige zu nennen sowie einige aus der Neuzeit. Schon in früherer Zeit gab es große Seher und Philosophen und heute entdeckt man wieder ihre großen Fähigkeiten, um Menschen aus der Krise zu führen.

Der Materialismus und die Gier nach immer mehr verführen die Menschen. Aber wird der Mensch dadurch glücklicher? Nimmt man die Welt durch die Augen des Materialismus wahr, gibt es oft ein unpräzises Weltbild und bei all den täglichen Nachrichten in TV, Zeitungen, Radio oder anderen Medien erschrecken wir und fragen, wo ist denn Gott in dieser Geschichte?

Einen objektiven Beweis für die Schönheit der Liebe oder dass die Wahrheit befreien kann, gibt es nicht. Der liebe Gott hat meiner Meinung nach noch viel Beweismaterial zu bringen bei all dem Elend, Hunger, Krieg in der Welt, dass er trotzdem präsent und verlässlich ist, wie ein Fels in der Brandung, dass Gott alles aufrecht erhält, wie die Luft zum Atmen, die Nahrung, das Wasser, alles was wir so brauchen. Gott zu begreifen ist wahrlich keine Kleinigkeit, das habe ich oft durch mein eigenes Leben, auch durch die vielen Erkrankungen erfahren, doch immer wieder passierten sogenannte Wunder und Wendungen in meinem Leben, dass ich es kaum fassen konnte.

Wenn ich morgens erwache und mich fühle, bin ich immer noch hier und mittlerweile wird die Gewissheit immer stärker, dass Gott existiert. Es ist die Frage des Bewusstseins und der Öffnung für das Leben an sich. Ich fahre häufig mit öffentlichen Verkehrsmitteln, wie Bus und Straßenbahn und schaue mir die Menschen an, vor allem die Babys und die Kinder, aber auch die älteren Menschen. Man kann unwahrscheinlich in ihren Gesichtern lesen. Selten sieht man entspannte Erwachsene, alle scheinen in Hektik, Stress und Eile zu sein. Es gibt so viele unterschiedliche Verhaltensweisen einzelner Menschen, wie man beispielsweise an Müttern beobachten kann, wie sie mit ihren Kindern umgehen: Liebevolle, besorgte Mütter, Mütter die mit Handys da sitzen und die Kinder betteln mit Blicken um Aufmerksamkeit und Zuwendung.

Die meisten Menschen nehmen keine Notiz voneinander und gehen achtlos vorüber, obwohl doch jeder den göttlichen Funken in sich trägt. Selten sieht man jemand lächeln. Und doch passieren Augenblicke, wo anscheinend grundlos ein liebevoller Blick einen trifft, und für einen flüchtigen Moment hat sich ein bisschen der Schleier gehoben - und man wird grundlos etwas glücklicher. Also, was anfangs die Ausnahme ist, wiederholt sich öfter und macht den Alltag erträglicher und glücklicher.

Das lässt mich weiterhin hoffen, dass die Gotteserkenntnis trotzdem wächst und sich entwickelt. Ich bin weiterhin sehr neugierig auf das Leben.

Das ist der Gott der kleinen Dinge der uns trotzdem täglich, trotz all der Horrornachrichten erreicht. Das Gänseblümchen auf der Wiese, die Schneeflocken, die vom Himmel tanzen, der Hund der uns vor Freude wedelnd auf der Straße begrüßt, die Katze zuhause, die schon wartet und uns um die Beine streicht, die Eichhörnchen in den Bäumen, sogar die krächzenden Krähen, die in den Bäumen hocken und auf ein Auto warten, das ihre Nüsse knackt. Das alles passiert fast täglich vor unseren Blicken, wir müssen nur hinschauen. Das sind viele Gründe, um unendlich dankbar zu sein! Dankbarkeit ist ein geheimer Schlüssel für viele Dinge, für alles, was wir haben dürfen, was uns von der Natur geschenkt wurde. Ich hatte viel Zeit, um immer wieder über Gott und vieles auf der Erde nachzudenken. Das machte ich schon als Kind und ich kam zu dem Schluss, entweder lässt Gott alles zu, oder gar nichts.

Warum lässt er Tod, Krankheit, Unheil, Leid und all das zu? Was führt uns aus dem Dilemma, unter einem Gott zu leben, der uns an einem Tag Leid und an einem anderen Tag Freude bringt? Das begriff ich als Kind schon nicht bei der wöchentlichen Tötung der Tiere. Das machte mich immer wieder sehr traurig. Unser Geist versteht es nicht, das alles in seiner Gesamtheit zu durchschauen und zu begreifen, weil Gott auch immer das große Geheimnis bleiben wird. Wir sollen uns ja kein Bild von Ihm machen, und trotzdem ist diese Energie ständig präsent.

Bei vielen großen, spirituellen Lehrern, Avataren, Rimpoches, Schamanen durfte ich vieles erfahren, das oft mit dem Verstand nicht verstanden, aber intuitiv erfahren werden kann, durch Kontemplationen, Meditation, Wiederholungen heiliger Namen und Mantren, da ja alles Energie, Licht, Vibrationen und Bewegungen sind, und der Geist doch letztendlich stärker als die Materie ist.

Das ist aber eine Erfahrung jedes Einzelnen und letztendlich Gnade! Die Angst ist hier ein ganz schlechter Ratgeber. Angst und Sorge, als auch Unsicherheiten beherrschen ja oft unser Leben, insbesondere bei Krankheit, Verlust von Liebgewonnenem; Angst alles zu verlieren. Gerade in den schlimmsten Zeiten meiner Krankheit habe ich immer wieder Wunder, kleine und große Begegnungen außerhalb der Zeit erfahren.

Koma nach Schilddrüsenoperation

Vor nicht so langer Zeit erkrankte ich mal wieder heftig an der Schilddrüse. Chemische Heilmittel konnte ich nicht vertragen, meine Leberwerte stiegen ständig an, und ich besuchte Endokrinologen. Die Schilddrüsenwerte waren aus dem Rhythmus, und man machte mir den Vorschlag, mich operieren zu lassen.

Bei alledem hatte ich ein ungutes Gefühl, stetige Unruhe, die ich nicht durch Medikamente und andere Heilverfahren in den Griff bekam. So entschied ich mich letztendlich zur Operation. Mein Sohn hatte zu dieser Zeit Geburtstag. Mein Heilpraktiker und Kollege riet mir von diesem Schritt ab. Wenn ich heute noch daran denke, wird mir ganz anders, doch es musste sein! Ich wurde operiert und als mein Bewusstsein zurückkehrte, bekam ich starke Atemnot, und ich konnte keine Luft mehr holen, und alles wurde dunkel! Neun Tage war ich im Koma in einer anderen Welt, klinisch tot. Der Anlass war, dass am Hals vier große Arterien geplatzt waren und ich innere Blutungen hatte.

Daraufhin widerfuhren mir bewusstseinsverändernde Erfahrungen im geistigen Bereich. Ich bemerkte noch, dass sich meine Seele von meinem Körper trennte, und ich befand mich nicht im Licht, wie so oft beschrieben, sondern in der Astral- oder Unterwelt.

Alles führte Krieg und bekämpfte sich. Es war dunkel, meinem Sohn wurden Organe gestohlen von einem Arzt mit seinen Helfern, überdimensionale Katzen waren da und fraßen die kleinen auf, es war Horror pur. Ich konnte nichts machen und man verfolgte mich mit Verwünschungen und wollte mich immer wieder umbringen. Nirgends fand ich Schutz, ich fing an zu beten und bat Gott „ihnen" zu verzeihen. Es war ein unendliches Inferno ohne Lichtblick und ich wusste nicht, wo ich war. Irgendwann verlor ich das Zeitgefühl und schien eingeschlossen in Magie, Dunkelheit und Hilflosigkeit!

Ich hatte keine Ahnung, wo ich war und mich erschütterten Hustenanfälle, von weitem hörte ich eine weibliche Stimme, die sagte: „Sie müssen versuchen durchzuatmen." Ab hier kam ich wieder in die physische Welt zurück, und schemenhaft nahm ich ein Zimmer wahr, zuvor verschwommen. Es war laut um mich herum und ich wollte die Türe schließen und versuchte aufzustehen, da ich niemanden sah.

Ich stürzte furchtbar und lag auf dem Boden. Man hob mich mit mehreren Personen auf und legte mich wieder auf das Bett. Ein Arzt kam und untersuchte mich, ob ich mir etwas gebrochen oder Schnittpunkte am Körper hätte, und ich wusste noch immer nicht, wo ich war. So langsam dämmerte es mir, ich war wohl im Krankenhaus und nach neun Tagen aus dem künstlichen Koma erwacht.

Eine Schwester erzählte mir, dass heute mein Sohn käme und ich fragte, welchen Tag wir hätten und meinte, mein Sohn könne ja nicht an einem Wochentag von Düsseldorf kommen, da er doch arbeiten müsse. Doch, doch, er wäre mittags da, entgegnete sie.

So langsam nahm ich die Umrisse vom Zimmer in Augenschein und eine fremde Frau lag auf der anderen Seite im Bett und unter ihrem Bett sah ich wieder die Katzen, die zwei Meter lang waren und ich hörte sie sagen, dass sie diese von zuhause mitgebracht hatte und hier versteckt. Ich fand das sehr merkwürdig. Es schien Winter zu sein, denn

Schneeflocken tanzten am Fenster. Ich fragte, welchen Monat wir haben und man sagte mir „Mitte Februar". Ich war fühlbar schwach und ganz langsam kam ich wieder zu mir. Man erzählte mir, ich wäre neun Tage im Koma auf der Intensivstation gewesen und nun wieder auf die Station gebracht worden. Ich konnte nicht auf die Toilette oder aufstehen, mich nicht waschen, es fiel mir schwer, mich aufzusetzen und ich war im Kopf sehr benommen.

Es ging auf den Vormittag zu, dann Essenszeit. Ob ich was zu mir nehmen konnte? Wieso hatte ich oft von Todeserlebnissen gelesen, es wäre, als ob man durch einen Tunnel ging, alles Licht und hell gewesen, paradiesisch. Ich war wohl in einer Zwischenwelt oder Astralwelt. Ich erinnerte mich an die heiligen Schriften, wo steht, dass Jesus in diese Unterwelt abgestiegen war!

Dann klopfte es an der Tür und mein Sohn stand im Zimmer. Er war wirklich gekommen. Er kam auf mich zu und umarmte mich und sagte Mama, du hast ja noch nie meinen Geburtstag vergessen und ich fragte, den wievielten haben wir denn?

Meine erste Antwort war: „Junge ich glaube ich bin verrückt im Kopf!"

Er schüttelte den Kopf und erzählte mir, ich sei lange im Koma und im Krankenhaus gewesen. Dann schaute ich ihn groß an und fragte nach seinen Narben, da man ihm ja Organe entnommen hätte.

Er schüttelte mit dem Kopf und sagte: „Mama ich hatte keine Operationen."

War ich denn wirklich so verrückt im Kopf? Mein Sohn lies mich erzählen und hörte mir ohne weiteren Widerspruch zu. Mein Gott, dachte ich, wo war ich bloß gewesen! Nun war ich erst mal beruhigt, mein Kind gesund vor mir sitzen zu sehen und glücklich, dass er da war. Mit meinem Sohn habe ich ein besonderes Verhältnis. Er ruft sonst täglich aus Düsseldorf an, wo er verheiratet ist und als Richter den Vorsitz einer Strafkammer am Landgericht in Düsseldorf hat. Ab jetzt besuchte er mich wöchentlich, denn ich musste noch fünfeinhalb Wochen im Krankenhaus bleiben. Weiterhin hatte ich Halluzinationen, jeden Abend besuchte mich eine Familie mit einem ganz süßen schwarzlockigen Kleinkind, ganz zart, fast zerbrechlich. Ich hatte Angst, es zu zerdrücken.

Der Vater saß an meinem Bett und wir unterhielten uns in französischer Sprache. Ich bot ihm an, mit mir Fernsehen zu schauen. Er war Wissenschaftler und arbeitete an Techniken für die Raumfahrt und seine Frau war selten dabei und arbeitete in der Modebranche. Ich entschuldigte mich ständig für meine Französisch-Kenntnisse und versuchte es oft mit Englisch und er applaudierte.

Das Kind schlief oder schaukelte über meinem Bett und abends um 22:00 Uhr verschwanden sie durch die Wand, lösten sich einfach auf, konnten sich materialisieren und entmaterialisieren. Es war ein Phänomen und ich fragte meine Bettnachbarin, ob sie auch meine Besucher sehe. Sie war eine kluge Frau und antwortete immer, das sehe wohl nicht jeder!

Das ging wochenlang so. Manchmal kamen sie sogar tagsüber zu mir und ich bot ihnen Joghurt oder Süßigkeiten an. Manchmal war der Joghurtbecher halb leer, aber sobald sich Pflegepersonal näherte, lösten sie sich in Luft auf. Mir ging es körperlich nicht gut, meine Blutdruckwerte waren trotz sehr vieler Tabletten 200/120, mal etwas weniger oder mehr. Es fühlte sich an, als würde ich explodieren. Ich konnte kaum essen. Besuch konnte ich kaum ertragen und wollte fast niemanden sehen. Ich versuchte immer wieder, ein paar Schritte zu gehen, was mir sehr schwer fiel.

Meine Medikamenteneinnahme war riesig, und ich fragte die Schwestern, was das alles sei. Ich stellte fest, dass ich sieben Tabletten alleine gegen den Bluthochdruck bekam, darunter auch Digitalis und darauf reagierte ich allergisch, reagierte mit Hitze und hohen Blutdruckwerten. Man schob mich dann zum Kardiologen und der setzte sofort diese Mittel ab und allmählich wurden die Werte besser.

Man hatte von der Intensivstation die Tablettendosis weiterhin übernommen und dadurch konnte ich kaum schlafen und Ruhe finden. Es hatte alles einen Umkehreffekt. Die Halluzinationen behielt ich noch lange und meine französischen Freunde besuchten mich wie mit Glockenschlag, pünktlich um die gleiche Zeit.

Nach nahezu sechs Wochen kam ich dann endlich wieder nach Hause. Meine Katze Momo wurde in meiner Abwesenheit von einer sehr lieben „Katzenfrau" aus der Nachbarschaft versorgt. Sie beherbergt oft fast zwanzig Katzen, kleine und große und zieht oft ganz kleine Katzenbabys mit der Flasche auf. Dreimal täglich kam sie in meiner Abwesenheit zu mir nach Hause und ließ Momo auch nach draußen.

Die letzten Wochen wollte er nicht mehr richtig fressen und war fast immer im Haus. Ein junger Kater aus der Nachbarschaft besuchte ihn öfter. Dieser kleine Kerl war sehr verfressen und freute sich immer, gute Sachen im Futternapf vorzufinden. Der Chef im Haus war natürlich Momo, und er zeigte, wo es lang ging. Dieser junge Kater kam noch sehr lange zu uns und eines Tages war er einfach verschwunden.

Ich habe ihn schon lange nicht mehr gesehen. Es war ein liebes Tier und meldete sich immer schon von weitem mit Miauen an. Man erzählte mir, eine Frau hätte ihn aus Spanien mitgebracht. Als ich dann endlich entlassen wurde, war ich natürlich gespannt, wie mich mein Momo empfangen würde. Er war zu Hause, als ich die Tür aufschloss. Er legte sich flach auf den Boden und sprang mich an. Anfangs war er noch sehr verstört und wollte auch nicht nach draußen. Er ließ mich nicht aus den Augen. Ich war noch sehr schwach nach all den Wochen und konnte auch nicht alleine zum Einkaufen oder Spazierengehen auf die Straße.

Meine sehr lieben Freunde und Nachbarn, die sich ablösten, waren mir bei allem sehr behilflich. Wenn sie mich unterhakten, konnte ich eine kurze Strecke gehen. Sie kauften ein und besorgten Medikamente aus der Apotheke. Meine Ärztin hat neben mir die Praxis und wohnt im Haus über mir. Eine große Beruhigung für mich und meinen Sohn, da er ja in Düsseldorf wohnt.

Heute koche ich öfters für die Ärztin am Mittag mit und so wäscht eine Hand die andere. Es hat lange Zeit gedauert, bis ich wieder zu Kräften kam und mich wieder alleine versorgen konnte. Unendlich dankbar bin ich für alles, was ich haben darf. Zum richtigen Zeitpunkt begegnete ich immer wieder wunderbaren Menschen und Lehrern durch die Liebe und Gottes Gnade. Ich fühlte mich nie allein gelassen. Mein kleiner Momo ist mein Begleiter und wir können wunderbar zusammen kommunizieren.

Er ist ein wirklicher Schatz und versteht fast alles, was ich sage. Man begreift oft nicht, was Menschen den Menschen und Tieren und der Natur antun. Ich bin oft fassungslos und doch dankbar, dass trotzdem so viele Menschen, besonders in meiner Nachbarschaft, sich für Tiere und natürlich auch für die Mitmenschen einsetzen. Die Medien und Nachrichten sind voll von Horror, Gewalt und Brutalität, was man nicht mehr nachvollziehen kann und will. Man kann nur positive Gedanken und Gebete dagegen setzen! Etwas ganz Wichtiges sind gute Freunde und Menschen, die ähnlich fühlen und denken, die die Schöpfung und die Natur lieben und sorgsam damit umgehen! Es ist alles nur geliehen und begrenzt und durch die Zeit vergänglich.

Meine Operation an der Schilddrüse ließ mich hoffen und auch die Ärzte versicherten mir, dass ich dafür keine Medikamente mehr zu nehmen bräuchte. Doch nach kurzer Zeit fing die Schilddrüse wieder an zu wachsen und die Werte stiegen wieder an!

Mein Herzklopfen nahm zu, ich war wieder sehr unruhig, schwitzte viel und ich fühlte mich nicht wohl. Meine Ärztin schickte mich wieder zum Endokrinologen. Es gibt hier sehr wenige Fachärzte in dieser Richtung, trotzdem bekam ich schnell einen Termin. Nach Blut- und Ultraschalluntersuchung wartete ich auf das Ergebnis. Der Arzt meinte, ich müsste mehrere Tage in einen radioaktiven Bunker, drei Tage genügten nicht. Wir müssten uns mindestens auf die doppelte Zeit einstellen.

Man wird isoliert, darf mit niemandem Kontakt aufnehmen und ist diesen Strahlungen ausgesetzt.

Ich protestierte und meinte, vor kurzem bin ich zweimal operiert worden und nun soll ich so lange bestrahlt werden?

Der Geist ist doch stärker als die Materie.

Freddy Wallimann,
geistiges Heilen und Numerologie

Der Arzt lachte mich aus und meinte: „Das glauben Sie doch selbst nicht. Jede Woche muss das Blut untersucht werden, um zu sehen ob eine Veränderung da ist."

Ich war sehr traurig und niedergeschlagen. Mit meinen Freundinnen und Freunden sprach ich und überlegte, ob es nicht Heiler gab, die energetisch und auch aus der Ferne etwas für mich tun könnten. Ein ehemaliger buddhistischer Mönch und guter Freund gab mir eine Adresse mit Telefonnummer in der Schweiz.

Dort rief ich an und es meldete sich eine Frau am anderen Ende. Ich trug mein Anliegen vor und sie sagte: „Ich schicke Ihnen einen Fragebogen nebst Informationen zu und Sie überweisen 70 €." Ich fragte: „Für eine Woche oder für welche Zeit?" „Nein, nein, für einen ganzen Monat mit täglicher Arbeit. Der Heiler heißt Freddy Wallimann." Diesen Namen kannte ich, denn seine Frau hatte damals die ersten Engelbücher geschrieben, die ich auch gelesen hatte. Bekanntlich gibt es ja keine Zufälle! Ich schöpfte Mut.

Mit meinen Unterlagen bekam ich auch ein wundervolles Gebet, das ich morgens und abends laut beten sollte. Es sprach direkt meinen Körper, meine Organe usw. an. Schon oft habe ich es verschenkt. Jeden Monat bekam ich neue Fragebögen, mit der Frage, wie es mir ging und ob ich weiter Hilfe benötige und so weiter. Ich fühlte mich zusehends wohler. Meine Blutwerte näherten sicher immer mehr der

Normalität. Ich selbst sprach oft mit meinem Körper, meinen Organen samt Funktionen, schickte ihnen meine Liebe, meine Energie und sprach und dankte für ihre unermüdliche Arbeit, die sie in mir leisteten, wie mit meinen Kindern.

Die Blutwerte verbesserten sich Monat für Monat und nach einem Vierteljahr war ich wieder in der Norm. Mit unendlicher Dankbarkeit bekam ich mal wieder den Beweis, dass der Geist den Körper sehr positiv beeinflussen kann. Das hat mir unendlich Mut gemacht!

Es gibt ja immer mehr Beweise für die so genannten geistigen Heilungen, wie Quantenheilung nach Dr. Kinslow, Heilen mit Zahlen nach dem Russen Grigori Grabovoi und anderen großen Heilern. Die Physik kommt ebenfalls dem Göttlichen immer näher. „Wer sich nicht der geistigen Wirklichkeit verschließt, wird reich von ihr beschenkt", sagte schon Marcel Johnar (1895-1984).

Viele Menschen haben auch eine Lieblingszahl oder auch Glückszahl, was ja auch schon durch die Geburtszahl ausgedrückt wird. Interessant ist auch das Tiroler Zahlenrad, in welchem besondere Begabungen durch Zahlen ausgedrückt werden können. Zahlen sind die ursprünglichen Substanzen des Universums, das sagt man auch in Indien.

Zu den aufgestiegenen Meistern zählte auch schon Pythagoras. Als Philosoph und großer Musiker erkannte er sehr früh die Bedeutung von Zahlen. Er verband Religion mit Naturwissenschaften wie Mathematik und Astronomie. Heute entdecken wir wieder Gott sei Dank – den Wert und die Aussagen der Großen, die uns sehr viel Wissen und Erkenntnisse hinterlassen haben.

Über die Zahlen 1 bis 9 habe ich auch viel von einem afrikanischen Schamanen gelernt. Es gibt verblüffende Ergebnisse, die ich auch in meiner Praxis erfuhr.

Auch die Mayas waren sehr weit in ihrer Kultur. Sie

drückten sich durch Glyphen, Zahlen und die dazugehörigen Aminosäuren aus, also die Bausteine unserer Existenz.

Die Indianer lehrten über das Medizinrad Mutter Erde und Vater Sonne. Sie verehrten die Natur, die Bäume, Pflanzen und Tiere. Sie nahmen nie mehr von der Erde, als sie brauchten und kommunizierten vorher mit den Wesen, die sie zum Leben brauchten.

Planeten und Himmelsebenen

Durch meine lange Zeit der Meditation hatte ich sehr viele außerkörperlichen Erfahrungen. Ich konnte unser Planeten-System erforschen, ebenfalls die verschiedenen Himmelsebenen.

Der erste Himmel ist ja das neue Jerusalem, das auch in der Bibel beschrieben ist, fast eine Parallelwelt; wie die Erde wunderschön und prächtig, herrliche Natur, Ozeane mit Delphinen, sehr viel künstlerische Werkstätten, herrliche Webereien, wundervolle Stoffe und Farben, leuchtend, keine Krankheiten, voller Frieden und Musik. Harmonie überall, glückliche Gesichter und Tiere. Die Schafe lagen bei den Löwen, also so, wie man sich das im Paradies vorstellt. Ich habe den Ort öfters besucht und meine Familienmitglieder, die schon seit langem ihren Körper verlassen haben, versucht zu finden. Einige von ihnen traf ich. Sie waren oder sahen sehr glücklich aus.

Nun gibt es ja viele solcher Ebenen, man spricht von sieben Himmeln. Mit den Yogis, mit denen ich Jahre lang meditierte und Erfahrungen austauschte, versuchten wir, weitere Himmelsebenen zu erforschen. Jahrelang verbrachten wir unsere Wochenenden mit diesen spirituellen Übungen. Mir fiel es relativ leicht, dort einzuschwingen, da ich schon als Kind - bis zu ca. fünfzehn Jahren - hellsichtig war. Und durch die Kontemplationsübungen, Konzentration und Meditation erreichte man viele geistigen Ebenen und Räume. Der Schleier hob sich teilweise zwischen den

Welten und die Wahrnehmungen wurden immer feiner. Als wir das neue Jerusalem verließen, erreichten wir die Götterebenen. Wir kamen in die Welt der Yogis und in die Welt der Götterebenen, und da ging es sehr lebhaft zu.

Wir erschaffen auch durch unsere Gedanken einen Teil unserer Realität. Diese Zentren oder Gestaltungen finden wir in den morphogenetischen Feldern wieder. Ruppert Sheldrake beschreibt es in seinen Büchern sehr gut. Viele große Lehrer unserer Zeit zapfen oft diese Felder an, wo alles über die Erde und das Universum gespeichert ist. Positives wie Negatives setzt Formen in der Materie ab. Es ist deshalb auch sehr wichtig, mit was wir uns befassen.

Man kann das Leben lachend oder weinend verbringen, es findet statt. Es geht kein Gedanke und keine Energie verloren. Die Lehrer in Indien sprechen viel darüber, besonders über die Ängste und Befürchtungen. Wir werden ja auch noch über die Medien tagtäglich gefüttert und so ist man oft in diesem Teufelskreis gefangen. Zufriedenheit kann uns nichts von außen, keine Regierung und keine Person geben.

In den ersten Jahren meiner Reisen nach Indien wurde ich oft gefragt von Weisen, Eingeweihten, was ich mir wünsche: Ich wollte Geborgenheit, geliebt werden usw., die Antwort war stets dieselbe: Das alles gibt es selten bei Menschen, das gibt es nur beim lieben Gott! Indem wir uns selbst zuerst lieben, können wir nur dieses große Geschenk auch weitergeben. Durch die kirchlichen Institutionen haben wir das oft verkehrt verstanden. Wenn man sich so verhielt, galt man als egoistisch und selbstsüchtig. Das haben sie uns als Kinder schon beigebracht.

In der Vedanta-Philosophie spricht man von mehreren Lokas oder Regionen. Im ersten Himmel, Brahmaloka wohnen die höchsten Götter. Im zweiten Himmel, Pitaloka wohnen die Ahnen und Rishis, die Yogis, die Bettelmönche, die Erhabenen, die Feueryogis, die Selbstlosen. Wir kennen die griechische Mythologie mit den Götterwelten, und den Göttern wie Amor, Merkur den Götterboten, Uranus usw. Auch die indische Götterwelt und die keltischen Götter, und was es sonst noch so alles gibt, existieren in den geistigen Welten. Ich wusste auch nicht, dass diese Götter einmal in ihrer Form sterblich sind.

Der dritte Himmel, Samaloka ist das Reich des Mondes und der Planeten. Der vierte Himmel, Indraloka ist das Reich der Devas, der Götter.

In einer der Ebenen entdeckte ich mittendrin ein in orange gekleidetes Wesen, es war Shri Sathya Sai Baba als König der Yogis. Es herrschte wunderbare Stille und Frieden an diesem Ort und ich begegnete auch einem wunderbaren, ehrwürdigen Wesen, namens Brighu.

Man nennt diese Himmel auch himmlische Lokas, so wie in unseren Domen und Kirchen oft Gottvater gemalt wurde oder auch die großen Deckenmalereien von Leonardo da Vinci, wie Gott dem Menschen durch Berührung das göttliche Leben einhauchte. Sie kennen sicher dieses Bild, wo ein würdiger alter Mann mit weißem Haar und weißem Bart auf einem Thron saß.

Zu diesen Ebenen müssen schon frühere Eingeweihte gekommen sein. Ein Himmel untersteht Brighu und anderen Heiligen. Sie sind für die Wurzelrassen und Formenerbauer verantwortlich. Die ersten Menschen waren schwarz und konnten levitieren. Sie konnten noch mit dem Göttlichen kommunizieren. Die Erde war noch sehr heiß und radioaktiv.

Nach den Gesetzen Manus gilt Manu als der Stammvater der Menschheit und ist ihr Gesetzgeber, der die Opferhandlungen und religiösen Zeremonien sowie die soziale Ordnung festgelegt hat. Hüttner, der Schriftsteller, hat die Gesetze niedergeschrieben, und sie ähneln dem Alten Testament. Dieses Buch hatte ich und es wurde schon lange nicht mehr verlegt und bei mir ist es einfach verschwunden. Es wird davon ausgegangen, dass jede Zeitepoche von einem Manu eingeleitet wird, der „Herrscher" über diese Zeitepoche ist. So ist es immer noch in Indien bekannt.

Die ältesten Heiligen Schriften sind die Veden und Puranas, die in der ersten Schrift in Sanskrit geschrieben sind. Sanskrit ist eine unsterbliche Sprache, ihre Stimme ist ewig (Ursprache). Ihr Ruf geht durch die Jahrtausende. In sie eingebettet ist die Grundlage aller Sprachen der Welt. (Laut Aussage von Shri Sathya Sai Baba)

Die fünfte Himmelsebene gehört den drei Söhnen Brahmans. Sie ist eine unendliche Ausdehnung von Weite und die Auflösung von Materie. Man nimmt kaum noch etwas wahr.

Das sechste Loka nennt man Vairakya, dort ist nur noch Ton, Stille und eine außergewöhnliche Götterklasse zu Hause. Musik, Licht und göttliche Unendlichkeit werden nur wahrgenommen, eine ganz subtile Umgebung ohne Formen.

Die siebte Himmelsebene nennt man Sathya oder Brahmaloka, das Reich Brahmas, nach dessen Erlangen es keine Wiedergeburt mehr gibt. Daher kommen auch die großen Avatare, Gottmenschen, die keinem Gesetz von Karma, dem Gesetz von Ursache und Wirkung unterliegen. Sie besuchen freiwillig die Erde zur Hilfe der Menschen, die sich weiter entwickeln wollen und sich auf den spirituellen Weg begeben. Sie sind große Lehrer und Geistführer, respektieren alle Religionen ohne Zwänge, ohne Fanatismus und leben die allumfassende Liebe zu allen Menschen, Tieren, der Natur und der Schöpfung.

Wir sind ja in einem besonderen Zeitalter, man nennt

es auch Wassermann-Zeitalter. Die Übergänge sind fließend. Noch sind Menschen in Machtstrukturen und Materialismus gefangen, werden von Abhängigkeiten beherrscht; es herrschen große Unterschiede zwischen Arm und Reich; viele haben keine Nahrung, kein Wasser, keine guten Lebensbedingungen und müssen hungern. Und andererseits sehe ich Überfluss und Maßlosigkeit, Gier nach immer mehr; in vielen Regionen der Welt gibt es Kriege und Brutalität. So kann es nicht weiter gehen. Wir brauchen ein großes Umdenken. Wir bekommen ja Hilfestellungen, denn Gott hat uns nie verlassen. Das habe ich immer wieder erfahren, trotz der vielen Erkrankungen bin ich gut geführt worden. Von vielen Menschen, besonders von Kindern und von Tieren habe ich viel gelernt. Wie traumhaft schön die Natur und die Welt trotzdem ist. Ich bin wunderbar geführt worden, wenn ich Hilfe brauchte.

So vielen großartigen Lehrern bin ich begegnet, und jedem bin ich unsagbar dankbar! Alle waren Mosaiksteine auf meinem bisherigen Weg. Es gab wirklich schwere Zeiten der Krankheit, Zweifel, Hilfslosigkeit, man versteht dann einfach nicht mehr die Welt und ist verzweifelt und doch sind wir der göttlichen Gnade ganz nahe.

Heute kann jeder seinen Weg finden. Es gibt viele Aussagen in den Medien und der Physik, Phänomene, über die man früher nicht gesprochen hat. Man kann auch das Internet auf diese Weise positiv nutzen. Es gibt schon viele Menschen, die außerkörperliche Erfahrungen gemacht haben. Heute hält man sie nicht mehr für verrückt!

Gut 27 Jahre habe ich kurz vor Bremen gewohnt, und meine ehemaligen Nachbarn rufen immer noch an und erzählen über die vielen außergewöhnlichen Dinge dort oben. Sie sagen dann: „Das hast Du uns ja schon vor 30

Jahren gesagt, doch wir glaubten Du wärst nicht ganz richtig im Kopf."

Die Zeiten haben sich schon in den letzten Jahrzehnten sehr verändert und wir natürlich auch. Trotz allen Fortschritts sind die meisten Menschen nicht glücklicher, zufriedener und dankbarer geworden. Wir hören von seltenen Krankheiten und Erschöpfungszuständen. Die Zeit verläuft hektischer, und manchmal verlässt uns der Glaube an das Gute und Schöne, bei allem was auf unserer Erde passiert. Man erträgt es fast nicht, wenn man noch Fernsehen schaut. Auf welchem Planeten leben wir?

Trotz aller Ausbeutung gibt es aber immer noch paradiesische Regionen auf dieser Welt. Wir beuten aus und zerstören selbst diese wundervolle Natur.

In der Bibel steht zwar: „Macht Euch die Erde untertan". Damit ist sicher nicht gemeint, „Ihr" alles wegzunehmen, Landschaften zu roden, Gewässer zu verschmutzen, Bäume und die letzten Urwälder zu fällen, auch unter der Erde Öl, Erze usw. maßlos abzubauen. Wir wundern uns über die Klimaerwärmung, Überschwemmungen, Wirbelstürme, Erdbeben, Trockenheit, Feuerbrände. Haben wir nicht das alles selbst herbeigeführt?

Letztendlich wird es um den Kampf um Trinkwasser gehen, wie wir es schon lange in Afrika sehen. Mit den Ressourcen gehen wir immer noch sehr verschwenderisch um. Umwelt fängt bei uns schon an!

Als ich noch nach Indien reiste, war dort Wasser schon sehr knapp. Entweder drehte man umsonst die Wasserleitungen auf oder man konnte dann dieses Wasser wegen Verschmutzung und Verseuchung sowieso nicht trinken.

Eine Freundin von mir kam vor ein paar Tagen aus Indien zurück. Sie berichtete, dass man heute in den Großstädten und Ballungsgebieten in Indien wegen der Verkehrsdichte nicht mal mehr die Straße zu Fuß überqueren kann. Man muss eine Rikscha oder ein Taxi benutzen. Abends werden überall die Plastikflaschen verbrannt, und die armen Menschen dort atmen diese verpestete Luft ein. Die Abgase der vielen Autos und die Armut der Massen nehmen dramatisch zu. Wie dankbar müssen wir hier im Westen sein! SELBSTVERSTÄNDLICH ist das alles nicht! In nächster Zeit wird sich sicher noch vieles ändern.

Wenn wir Gnade zeigen wollen und uns dessen durch Bewusstsein und Gewahrsam bewusst werden und dazu noch gesunde Ernährung pflegen, dürfen wir nicht vergessen barmherzig, mitleidvoll, allen zugänglich, großzügig, versöhnlich, zur Vergebung bereit zu sein. Tugenden, die fast vergessen sind, werden wieder Tragweite erfahren, nur so kann die Erde überleben!

Es macht einen großen Unterschied, ob diese Gaben vom Ego oder von der Seele kommen, ob man Mitleid oder die Bereitschaft zur Versöhnung zwischen Gott und der Schöpfung zeigt. Den Unterschied kann man nur im Innern spüren, er ist unverkennbar. Gnade ist die große Gleichmacherin – sie macht keinen Unterschied, sondern verschenkt sich jedem, der sich hingibt und vollständig loslässt. Im christlichen Sinn gesprochen: Die Sonne, der Regen kommt über Gerechte und Ungerechte. Das Ego aber legt allergrößten Wert auf Anerkennung, Status, auf das Gefühl von Einzigartigkeit und besonders zu sein.

Wir aus der Seelenperspektive sind das Göttliche. Es ist ein universelles, göttliches Merkmal dieser einzigartigen Schöpfung, egal was man tut, man braucht es niemandem zu beweisen, und diese Erkenntnis ist mit Einsicht und großer Erleichterung verbunden.

Begegnungen der besonderen Art

In meiner Praxis hörte ich oft, „Sie sind ja auch schon so weit." Was soll das heißen - höher oder niedriger. Ich glaube jeder Mensch ist da, wo er steht, richtig. Dieses Verständnis ist mit großer innerer Befreiung verbunden. Ein Mensch kann das nicht beurteilen, es gibt noch oder wieder so viele große Seelen im Verborgenen, und ich habe große Hochachtung vor der ganzen Schöpfung. Der geistige Hochmut ist eine große Falle ebenso die Verachtung und die Verurteilung als auch der Wunsch, besser sein zu wollen. Wir müssen aufhören mit Werten und Besserwisserei. Man kann von allem lernen, wenn man wach und bewusst ist! Ohne Gnade bleibt Vergebung stets bedingt!

Trotz langer Jahre der Meditation und des spirituellen inneren Weges, wunderbaren Begegnungen, großartigen Lehrern war ich immer wieder schwer krank.

Alle Meister und weisen Führer predigen fast immer das Gleiche! Die praktische Umsetzung ihrer Botschaft und das ständige Bewusstsein darauf machen die Ausrichtung auf das Göttliche aus, auf diese Energie, die ständig präsent ist. Mit meinen Krankheiten konnte ich immer besser umgehen, aber ich fragte mich auch, warum ich immer wieder krank wurde. Der Geist wurde ja immer wieder neu gefüttert und will beschäftigt sein.

Dann stellte ich eines Tages fest, dass meine sogenannten Wünsche nicht mehr die gleichen waren. Es gab nichts, was ich unbedingt haben oder besitzen wollte. Ich jagte nicht mehr jenen Dingen hinterher, die alle anderen für so überaus wichtig hielten. Mein Geist und Körper wurden mit der Zeit immer stiller. Große Dankbarkeit breitete sich aus, für alles was ich haben durfte. Es waren kleine Dinge, mein tägliches gutes Essen, die intensive Freude über meine Katze, die Wolken und der Sonnenschein, Regen und Wind. Ich nahm alles sehr dankbar auf. Ich schaute mir weiterhin alles an; äußerlich war eigentlich nichts grundlegend anders. Ich war aber grundlos glücklich und zufrieden, als wäre ich von irgendwas aufgewacht.

Ich besah mich im Spiegel und dachte manchmal, meine Mutter schaute mich an. Ich war nicht mehr besorgt um meine Gesundheit. Es fand einfach etwas statt. Ich hatte das Gefühl, das Leben war wie ein Fluss – der mich aufnimmt, wohin mich dieser Fluss auch führte. Von da an lief alles einfacher und vieles fügte sich ohne mein Zutun. Tausendmal vorher ist der Tag gekommen, an dem ich dachte, ich sei dem Ziel näher, aber niemand weiß, wann das geschieht auf unserem Weg, oder welcher der letzte vielleicht sein wird?

Mit jedem Sonnenaufgang wird im Geist eine neue Welt geboren. Das Leben ist immer neu und frisch. Wir müssen nur mit dem Fluss fließen, egal was passiert. Das Leben findet jeden Augenblick statt. Tag für Tag ist es an uns, die Energie der Seele in die Bedeutung des Lebens umzuwandeln. So etwas wie eine bedeutungslose oder sinnlose Erfahrung gibt es nicht!

„Es fällt kein Spatz vom Dach, wenn Gott es nicht will." Alles ist Energie und Leben! Auch im Alter haben wir die Möglichkeit, immer wieder Neues zu entdecken und man hat wissenschaftlich festgestellt, dass im Gehirn immer wieder neue Netzverbindungen geschaffen werden können. Unser Körper, die Zellen, das Gehirn sind Wunderwerke der Natur und der Schöpfung.

Die Seele ist liebevoll.
Die Seele ist schöpferisch.
Die Seele ist spontan, voller Überraschung.
Die Seele ist verspielt und unbewusst, voller Unschuld.
Die Seele ist wissend und stetig wachsend voller Pläne, persönlichem Wachstum und Erneuerung.

Ohne von ihrer Seele ständig neuen Nachschub zu erhalten, schlafen viele Fähigkeiten einfach ein. Wie oft höre ich von älteren Menschen, dass mit zunehmendem Alter Abnutzung und Verschleiß stattfindet. Das muss aber nicht zwangsläufig sein. Es liegt auch an unserer Persönlichkeit und Weltanschauung. Und ein mächtiger Verbündeter dabei ist unser Geist! Der Anwendung unseres Geistes sind uns keine Grenzen des Alters gesetzt.

Für mich habe ich festgestellt, dass man immer wieder, auch bei schweren Krankheiten, aufstehen muss. Oft habe ich mich gefragt, warum ich immer wieder krank wurde. Wenn ich so auf mein Leben zurückblicke, bin ich durch alle Erfahrungen etwas klüger oder weiser geworden?

Wenn ich den Trost und die Zuwendung der Meister nicht ständig erfahren hätte, wäre ich nicht so gut durch die gesundheitlichen Prüfungen gekommen.

Die vielen Begegnungen mit spirituellen Lehrern haben mich immer sehr erfreut und einige habe ich besser verstanden, was letztendlich Gnade bedeutet. Viele dieser großen Lehrer waren auch oft körperlich krank und von vielen großen Meistern weiß man, dass sie an Krebs oder anderen Leiden diese Welt verlassen haben. Ihr Glaube und unerschütterliche Zuversicht an Gott hat sie nie verlassen. Sie haben ihre Aufgabe und Sendung bis zuletzt gelebt, in ihrer wunderbaren Spiritualität – nichts konnte sie davon abbringen von der allumfassenden Liebe, Demut und Freude und die Gemeinsamkeit mit allen Menschen, der Natur und der Schönheit der Schöpfung.

Wir dürfen die verlorenen Geheimnisse des Betens nicht vergessen! Beten ist einfach sprechen mit Gott, wie mit einem guten Freund, dem man alles anvertrauen kann.

Eine Freundin von mir hat einen Enkel, einen kleinen Philosophen. Er fragte seine Oma, was denn der Unterschied wäre zwischen beten und meditieren. Die Oma erklärte ihm: „Ja, Beten ist sprechen mit Gott und Meditieren, dann spricht Gott mit uns." Der Kleine meinte: „Aber mit mir hat er noch nie gesprochen oder ich habe ihn nicht gehört." Ich fand das ganz witzig von diesem kleinen Kerl und klug!

Auf meinen vielen Reisen spürte ich oft die Präsenz von Engeln und Gottes Gnade. Da ist mir nichts Schlimmes passiert, außer auf den Reisen nach Indien, wo ich nach Bombay wollte und öfter in Neu Delhi landete und 7 bis 8 Stunden warten musste, bis ich dann zum Ziel kam.

In Indien gehen die Uhren anders, man wird oft zu Ruhe und Gelassenheit gezwungen. Man kann sich ärgern oder schimpfen, doch meistens habe ich ganz interessante Menschen getroffen und Freundschaften geschlossen, die bis heute anhalten.

Man kann das Leben lachend oder weinend verbringen – es findet einfach statt! Die Zeit ist oft eine Illusion, man erkennt es immer wieder! Alles passiert gleichzeitig. Viele Menschen in der Welt sind bei körperlichen Krankheitssymptomen ganz aufgelöst. Man muss schon auf die Botschaften des Körpers achten. Er will uns ja damit etwas sagen. Was man sich vorstellt und denkt, ob man ängstlich ist oder voll Vertrauen, alles manifestiert sich auch im Körper. Das habe ich bei mir selbst auch festgestellt. Mit Ängsten wird man nicht heil und gesund. Wir besitzen nicht nur die Meisterschaft über unsere

Gedanken, Gefühle, Emotionen, Energien, sondern auch über unser gesprochenes Wort, unsere Essgewohnheiten, unsere Bewegung. Wir können sehr viel in uns bewirken, positiv wie negativ! Das ist für jeden Menschen anders. Was für einen gut ist, kann für jemanden anderen schädlich sein. Dass Drogenmissbrauch, Rauchen, Alkohol, zu wenig Schlaf, schlechtes Essen nicht guttun können, weiß man. Wir sind ja oft Meister im Verdrängen.

Bei meinem Freund vom Bodensee sah ich ein Buch bei seinem Besuch hier. Er war auf dem Weg nach Nepal als Urlaubsziel und hatte sein Auto bis zu seiner Rückkehr bei mir abgestellt. Es ist immer eine große Freude, wenn ich ihn und seine Lebensgefährtin sehe. Ich kenne ihn schon über 30 Jahre und wir telefonieren wöchentlich, und wir tauschen uns sehr lange aus. Ich habe ihn mit seinem Freund bei einem Seminar mit Indianern kennengelernt. Gemeinsam haben wir große Reisen unternommen, auf die Hawaii-Inseln, Brasilien, Indien. Er spricht mehrere Sprachen perfekt, und wir scheinen die gleiche Art von Humor zu haben. Eigentlich ist er Biologe, hat sich aber dann auf die Naturpraxis verlegt, mit großem Erfolg in Körperarbeit, Akupunktur, Energieaustausch; ein geborener Heiler! Die Menschen kommen von weit her. Er lebt am Bodensee, und ich hatte auch dort einige Patienten.

Er zeigte mir das Buch mit dem Titel: „Die verlorenen Geheimnisse des Betens" von Gregg Braden. Dem Autor begegnete ich schon mal in Baden-Baden. Er lebt in Amerika in New Mexiko. Der Titel berührte mich sehr und ich wollte es mir gleich kaufen. „Warte", sagte mein Freund, „beim Abholen des Autos bei meiner Rückkehr bekommst Du es von mir, ich habe es dann bestimmt gelesen." Wie versprochen schenkte er mir dieses Buch und ich habe es oft gelesen und es berührt mich immer wieder neu wegen der Innigkeit mit Gott in den Botschaften für das mitfühlende Herz. Dieses Buch ist besonders lesenswert, da es die Seele in ihrer ganzen Tiefe berührt.

Er hatte mir aus Tibet vor zwei Jahren einen wunderbaren Buddha aus Lhasa mitgebracht und diesmal brachte er mir eine Gebetsmühle mit. Innen befand sich aus altem Pergament „OM Mani Padme Hum"! Ich segne Euch mit meiner tiefen Liebe und meinem tiefen Mitgefühl! – Der Leitspruch der buddhistischen Lehre. Mit diesem Mantra bin ich ja damals eingeweiht worden! Ich habe mich sehr gefreut über dieses wunderbare Geschenk.

Die Schauplätze der Welt und die Umstände haben sich empfindlich verändert. Die Nachrichten und Geschehnisse, die uns erreichen, erschüttern unseren Glauben, und unsere absolute Schmerzgrenze wird herausgefordert, wie uns das alles im Innern schwer verletzt. Wir verstehen die sinnlosen Aktionen des Hasses nicht mehr, die zerrütteten Familien, Kinder haben kein zu Hause mehr, zwei Drittel der Welt hungert und das Überleben vieler ist bedroht. Es fällt uns oft schwer, einen Weg zu finden, um den Tag in Frieden und Freude zu verbringen und in einer geregelten Ordnung zu Hause zu sein!

Ich habe viele Kontinente bereist und bin wunderbaren Menschen und großen Lehrern begegnet, was mich in meiner Erinnerung immer wieder beglückt und mich sehr dankbar und demütig werden lässt. Und dann musste ich mich in meinen eigenen Schmerzen und Krankheiten bewähren. Ich kam oft an die Grenzen des Unerträglichen, wo ich Gott nur anflehte, mich aus meinem Körper zu erlösen, von meinen Torturen, bis ich zu einem Punkt kam, wo ich alles loslassen musste. Ich fragte mich dann, was nützen Dir all Deine wunderbaren Begegnungen? Es war eine Sache des Bewusstseins und der Achtsamkeit. Wir haben ja fast alle in der Abtrennung gelebt, schon vor langer Zeit und nun dämmert ein neuer Morgen herauf, eine Erinnerung an das, was schon war und ist. Darüber lag lange ein Schleier unserer Identifizierungen. Das neue Bewusstsein kommt nicht von außen, es war schon immer in uns. Wir sind nun bereit, uns wieder zu erinnern, eine Sehnsucht nach zu Hause, nach Einheit mit dem Göttlichen, nach Ganzheit. Jenseits von Raum und Zeit, Vergangenheit und Zukunft, immer Jetztsein.

Weisheit liegt in der vollkommenen Hingabe an das, was ist. Ihre Größe liegt in der Demut, im verschwinden Deines eigenen Egos, das immer Macht und Kontrolle haben will. Nicht Wissen, sondern Weisheit kommt aus Deinem Herzen, bewirkt Weite und immerwährenden Frieden. Denn wenn Du das erkennst und lebst, dann bist du nicht mehr auf der Ebene der Zeit gefangen.

Es fällt einem oft schwer, nicht mehr zu werten und zu urteilen. Oft werden wir von anderen tief getroffen und verletzt. Es ist schon eine große Herausforderung, das Leben so, wie es ist, hinzunehmen. Unsere Gedanken stehen nie still, aber es liegt an uns, welchen Wert wir „ihnen" beimessen.

Oft befinden wir uns wie der Hamster im Tretrad, wir holen ständig Dinge hervor, die vorbei sind. Vieles habe ich ausprobiert und auch erfahren, und wenn der Schmerz unerträglich wird, fange ich an zu beten. Das habe ich schon als Kind gemacht. Ich wusste und glaubte, dass diese Macht, Energie, Licht, Kraft oder einfach Gott überall existiert. Diese große Gnade habe ich schon sehr früh erfahren. Denn ich weiß heute, nur mit dem Herzen sieht man gut, und dieses Erleben des Sprechens mit Gott spricht unsere Gefühle und Emotionen an, mitten aus unserem Innern. Ich habe festgestellt, dass das Beten nur so funktioniert. Fühlen ist beten!

Ich war ja bei mehreren Indianern und Schamanen und habe bei ihnen große Zeremonien erlebt für Heilung, für Regen bei Dürre, alles was zu fehlen scheint. Sie bitten den großen Geist nicht durch Anflehen oder Erfüllung ihrer Wünsche. Durch Trommeln und auch Stille, wir würden es Meditation nennen, verbinden sie sich mit der Energie des Ewigen außerhalb von Raum und Zeit. Ich habe festgestellt, welchen Gedanken man hegt, in dem Bewusstsein, befindet sich das Bewusstsein der Menschen auf höchst unterschiedlichem Niveau und Vorstellungskraft. Der Geist ist immer frei. Seine Macht kennt keine Grenzen, weder nach innen oder außen, und niemand kann ihn zerstören. Alle Weltensysteme kreisen mit diesem Geist in Einheit. Daher ist auch alles auf dieser Erde oder auch im ganzen Universum miteinander verbunden.

Wie ein Spiegel reflektiert der reine Geist unser Universum makellos und rein. Es bleibt auf dem Spiegel keine Spur zurück. Da es aber so viele unwissende Menschen gibt, und jeder seine eigene Welt kreieren kann, gibt es so viele Schwierigkeiten und Verwirrungen. Wir werden bombardiert mit diesen oft bösen Gedanken, sie ziehen wie dunkle Wolken am Himmel, sie sind ständig in Bewegungen und treiben irgendwann auseinander, und der Himmel wird wieder klar! So ist es auch mit unserem Geist.

Jeder kennt wohl auch die dunkle Nacht der Seele und man sieht keinen Ausweg aus dem Dilemma, aber der Geist kennt keine Mauern, er kann ungehindert überall hingelangen, er durchdringt alles!

Ein tiefer und klarer Geist kann jeden Ort erreichen. Er ist wahre Energie, mit der sich alle Lebewesen weiter entwickeln. Wenn man aber an diese Macht oder Energie nicht glaubt, man kann sie ja nicht anfassen oder fühlen, so muss man sie aber anerkennen, um sie zu nutzen. Sie durchwebt die ganze Welt. Sie ist unbegrenzt, schöpferisch! Es ist der Geist, der dich in den Himmel steigen lässt oder er kann dich auch befreien. Durch meine schweren Krankheiten und Todeserlebnisse weiß ich, von was ich spreche. Ein einziger Gedanke kann die Leiden der Hölle, was ich auch erlebte, oder das Glück des Himmels erleben lassen. Der Geist stirbt nicht, selbst wenn der Körper stirbt, bleiben die Taten, die du im Leben angehäuft hast, im Geist erhalten. Als ich längere Zeit im Koma lag und innere Blutungen hatte, als vier Arterien geplatzt waren, befand ich mich tagelang in der Astralwelt mit Zerstörung und Dunkelheit. Dennoch war ich im Geiste hellwach.

An all die Bilder erinnere ich mich ganz klar und genau und als ich nicht wusste, wie ich mich oder uns schützen konnte, erinnerte ich mich und fing laut an zu beten, nicht um Rache und Vergeltung, sondern um Versöhnung, und dieses Szenario hörte dann plötzlich auf.

Als ich wieder im Körper war, gaben mir die Ärzte einiges von meinem Erlebten wieder. Im Bericht stand „Halluzination". Ich hätte Katzen gejagt.

Der ursprüngliche Spiegel, besser der reine Geist, ist rein und klar. Wie groß unsere Verblendung, wie schwer eine Verfehlung auch scheinen mag, wird unser ursprünglicher Geist davon nicht befleckt. Der Geist kennt keine Grenzen und Mauern, er kann überall hin gelangen, ob er auf der Erde, im Universum oder in den Himmeln fliegt!

Wir wissen gar nicht, welches Potential wir im Geist finden. Der Geist ist die wahre Energie, die Energie, mit der sich die Lebewesen und die Welt weiterentwickeln. Aber wenn man nicht an sie glaubt, kann man sie nicht nutzen und nicht wirklich erfahren, dass sie da ist. Diese Energie ist schneller als Licht. Alle Wesen sind durch den Geist verbunden. Es ist der Geist, der Menschen in die Hölle fallen oder der dich in den Himmel steigen lässt. Ein Gedanke kann dich in den Abgrund stürzen oder auch befreien. Der Geist lebt in uns ständig und stirbt nicht! In uns allen liegt dieser große Schatz, auch wenn wir ihn nicht sehen können.

Nach meiner letzten schweren Krankheit durfte ich diese Weisheit und Barmherzigkeit erkennen aus vollem Herzen und bin jeden Tag unendlich dankbar. Es ist im Hintergrund die bedingungslose Liebe Gottes zu allen Wesen und der ganzen Schöpfung.

Unsere Gedanken beeinflussen auch alle Lebensbereiche wie Gesundheit, Familie, Wohlstand und alles in der Welt und auf der Erde. Der Geist kennt keine Grenzen, er umfasst einfach alles. Wenn der Geist die Formen und Gedanken in tiefer Demut ohne Urteil und Bewertung sowie ohne Ego durchdringt, dann kann er ein großer Segen für alle sein!

Letztendlich fragt man sich, wer bin ich eigentlich?

Das ganze Leben ist eine Pilgerreise. Ich bin vielen wunderbaren Menschen begegnet und manchmal denkt man, man ist dem Ziel etwas näher. Der Weg ist manchmal wirklich wie ein Labyrinth. Ich war oft am Ende schon allein durch meine körperlichen Erscheinungen. Der Schöpfer wirft uns in den luftleeren Raum, um uns am Ende wieder aufzufangen, weil er seine Schöpfung über alles liebt. Das Wunder des Unfassbaren ist mir schon oft begegnet, meistens, wenn ich alles losgelassen habe, auch mich selbst!

Wir haben jeden Tag unseres ganzen Lebens Gefühle, doch wir sind uns dessen gar nicht bewusst. Wir müssen erst in unserem Herzen erleben, wie es sich anfühlt, wenn unser Gebet erfüllt wurde, um sich zu manifestieren. Das ist vielleicht der Schlüssel, denn Gebete sollten sehr persönlich sein, und wir dürfen die Dankbarkeit nie vergessen für das, was wir durchlitten, erlebt und auch haben durften. Dadurch kann man im täglichen Leben auch stärker werden. Ein Lehrer fragte mich, ob ich eine Bibel zu Hause hätte? Ich verneinte. Er sagte: „Dann kauf Dir eine und lies bei Hiob nach!" Das wäre so ungefähr mein Leben: „Alles zu verlieren, um alles zu bekommen." Ja, begeistert war ich bestimmt nicht darüber. Heute bin ich dankbar, das alles erfahren und erlebt zu haben.

Trotz der vielen Erfahrungen, Reisen, Begegnungen muss man auch immer wieder an sich selbst arbeiten. Freundschaften, andere Menschen und auch Tierliebe dienen uns oft als Spiegel. Nicht immer erfährt man Gegenliebe und wird oftmals auch enttäuscht. Wir können natürlich nicht immer einer Meinung sein. Jeder Mensch hat seine eigene Vorstellung vom Leben. Um eine gute Freundschaft und Beziehung führen zu können, müssen wir auch die Schattenseiten eines Menschen akzeptieren, auch wenn diese persönliche Abgrenzung erfordern. – Man darf keine Erwartungen an den anderen stellen.

Ganz wichtig und elementar ist auch die Dankbarkeit. Damit verbeugen wir uns vor dem Leben und vor dem Schöpfer und nehmen so eine lebensbejahende Haltung ein, die uns wieder zuversichtlich und innerlich glücklich macht. Aber ohne Mut und Risikofreude können wir nichts ändern und bewegen. Nur wer wagt kann auch letztlich gewinnen.

Manchmal stehen wir uns auch selbst im Wege; denn nur durch Offenheit, Toleranz und Neugierde treten wir überhaupt erst in Kontakt zur Welt und anderen Menschen. Offen können wir nur durch das Abbauen von Vorurteilen und Vorverurteilungen werden, die unser Leben zumindest sehr begrenzen.

Offenheit gewinnt man natürlich auch durch Reisen, durch das Kennenlernen fremder Kulturen, durch das

Akzeptieren anderer Meinungen und Haltungen, wenn sie auch den eigenen widersprechen. Wer sich nicht öffnen kann, bleibt in seinem Bewusstsein begrenzt und wird einsam. Ohne Loslassen, besser gesagt Zulassen sind keine Wandlungen und Veränderungen möglich. Gewohnheiten haben sich oft tief in uns eingegraben. Solange wir an schlechten Lebensgewohnheiten festhalten, kann sich auch nichts ändern. Wir müssen bereit sein, immer wieder neu anzufangen.

Das Wesentliche aber bleibt die Liebe. Ohne sie geht gar nichts. Sie ist stets ein Schlüssel zum Glück, sie heilt und sie hilft loszulassen, zu verzeihen, sie schenkt Mut und Lebensfreude. Sie ist der eigentliche Motor zum Leben, der beste Schutz im Alltag, um auch Prüfungen gut zu bestehen; der große Heiler in jeder Situation. Das haben die großen Weisen dieser Welt auch immer gelehrt.

„Der Herr segne dich und behüte dich;
der Herr lasse sein Angesicht leuchten
über dir und sei dir gnädig.
Der Herr hebe sein Angesicht über dich
und gebe dir Frieden." - Dir und der Welt!

„Was ist die Zeit?"
„Sie ist zu langsam für die Wartenden, zu schnell für die Furchtsamen, zu lang für die Bekümmerten, zu kurz für die Fröhlichen, aber für die Liebenden ist die Zeit nicht."

Henry van Dyke

Glossar

Abhisheka	Badezeremonie zum Weihen oder Einweihen
Advaita	Nicht-Dualität
Ananda	Glückseligkeit
Avatar	Das Erscheinen Gottes auf Erden als Gottmensch
Bhajan	Lobpreisen der verschiedenen Namen Gottes
Bhakta	Verehrer, der Gottergebene
Bhakti	Verehrung, Hingabe
Bodhisattva	Wesen, dessen Leben der Erleuchtung aller Wesen gewidmet ist
Darshan	Anblick, Schau
Devotee	Anhänger, Schüler
Dharma	Das Gesetz des Daseins
Enneagramm	Ein System, das die Struktur des Egos mit seinen Charakterfixierungen beschreibt.
Japa	Wiederholung des Namen Gottes oder eines Mantras, mündlich oder geistig, auch auf einem Rosenkranz
Jnani	Der Weise, der in Erkenntnis eingetaucht ist
Kirtan	Singen der Namen und Tanzen zu Ehren Gottes
Leela	Göttliches Spiel des Selbst
Lingam	Symbol für das Göttliche, symbolisiert das Aufgehen einer Form im Formlosen speziell bei Shiva-Lingam
Loka	Raum zur Unterteilung des Universums in verschiedene Welten oder Himmel
Mahatma	Respektvolle Anrede

Maya	Die Welt der Illusion
Puja	Zeremonielle Verehrung
Puranas	Alte klassische Schriften über Schöpfung, Zerstörung und Erneuerung der Welt
Sadhana	Spirituelle Praxis
Sadhu	Wanderasket
Sahaj Samadhi	Innewohnender Samadhi; der Zustand reinen Bewusstseins, der im Innern gegenwärtig ist
Samadhi	Erleuchtung, Selbst-Verwirklichung, Schrein der Verehrung
Sanskrit	Heilige Schrift der Veden
Sattvisch	Rein
Shanti	Friede
Siddhi	Übernatürliche Kräfte durch Yoga oder Askese erlangt
Veden	Heilige Schriften als offenbarte Klangschwingungen
Vibhuti	Heilige Asche
Yoni	Schoß, Ursprung, Quelle allen Werdens, Symbol für das kosmische Mysterium des Werdens auch in Verbindung mit Lingam

Literaturverzeichnis

Verlorene Geheimnisse des Betens, Gregg Braden, EchnAton Verlag
Im Einklang mit der göttlichen Matrix, Gregg Braden, Koha Verlag
Wer bin ich?, Ramana Maharshi, BoD Norderstedt
Eine visuelle Reise, Nisargadatta Maharaj, Kamphausen
Meister der Selbstverwirklichung Vol. 1, Nisargadatta Maharaj und Siddharameshwar Maharaj, Noumenon-Verlag
Von der Illusion zur Wirklichkeit, Rangjit Maharaj, Digital Print Group
Matri Vani Band 1, Shri Anandamayi Ma Mangalam Books
Matri Vani Band 2, Shri Anandamayi Ma, BoD Norderstedt
Spirituelle Antworten auf alle Probleme, Wyne Dyner, Goldmann Verlag
Im Land der Stille, Mario Mantese, Edition Spuren Verlag
Die Welt bist Du, Mario Mantese, Drei Eichen Verlag
Die sieben Schlüssel zum Glück, Deepak Chopra, Goldmann Verlag
Ich bin das du bist, Karim Obedi, Weißensee Verlag
Deeksha, Energie des Erwachens, Kiara Windrieder, Kamphausen Verlag
Quantenheilung, Dr. Frank Kinslow, VAK Verlags GmbH
Die Mutter, Adilaksmi, Verlag Mutter Meera
Blick in die Ewigkeit, Dr. med. Eben Alexander, Ansata Verlag
Der Healing-Code, Alex Loyd und Ben Johnson, rororo Verlag
Das Love Principle, Alex. Loyd und Barbara Imgrund, rororo Verlag
Wenn Seelen Schöpfergötter werden, Johann Kössner, Verlag Kössner
Heilen mit Zahlen, Petra Neumayer, Mankau Verlag

Die Weisheit des Saturns, Barbara Vödisch, Ch.Falk Verlag
Jetzt - die Kraft der Gegenwart, Eckart Tolle, Kamphausen Verlag
Ich bin dann mal weg, Hape Kerkeling, Piper Verlag
Wie Phönix aus der Asche, Irina Tweedie, rororo Verlag
Der lebendige Gott, N. Kasturi, Sathya Sai Verlag
In Gottes Liebe, N. Kasturi, Sathya Sai Verlag

Joao De Deus
www.earth-oasis.de

Künstlerin Judith Hildenbrandt
Edition Stella
www.judithhildenbrandt.de

Shri Anandamayi Ma/Swami Gurusharanananda
www.srianandamayima.org
www.swakriya-yoga.org
www.anandamayi.org
www.ananda-seva-indienhilfe.org
www.dana-mudra.org

Archarya Mangalananda
www.childrenofma.org

Satz und Layout
www.layart.li

Titelbild
www.petras-topshop.de
www.nandi-grosshandel-shop.de

„Freunde sind wie Sterne.
Du kannst sie nicht immer sehen,
aber sie sind immer da."

Vintagearc

Freundschaft
ist etwas
Heiliges!

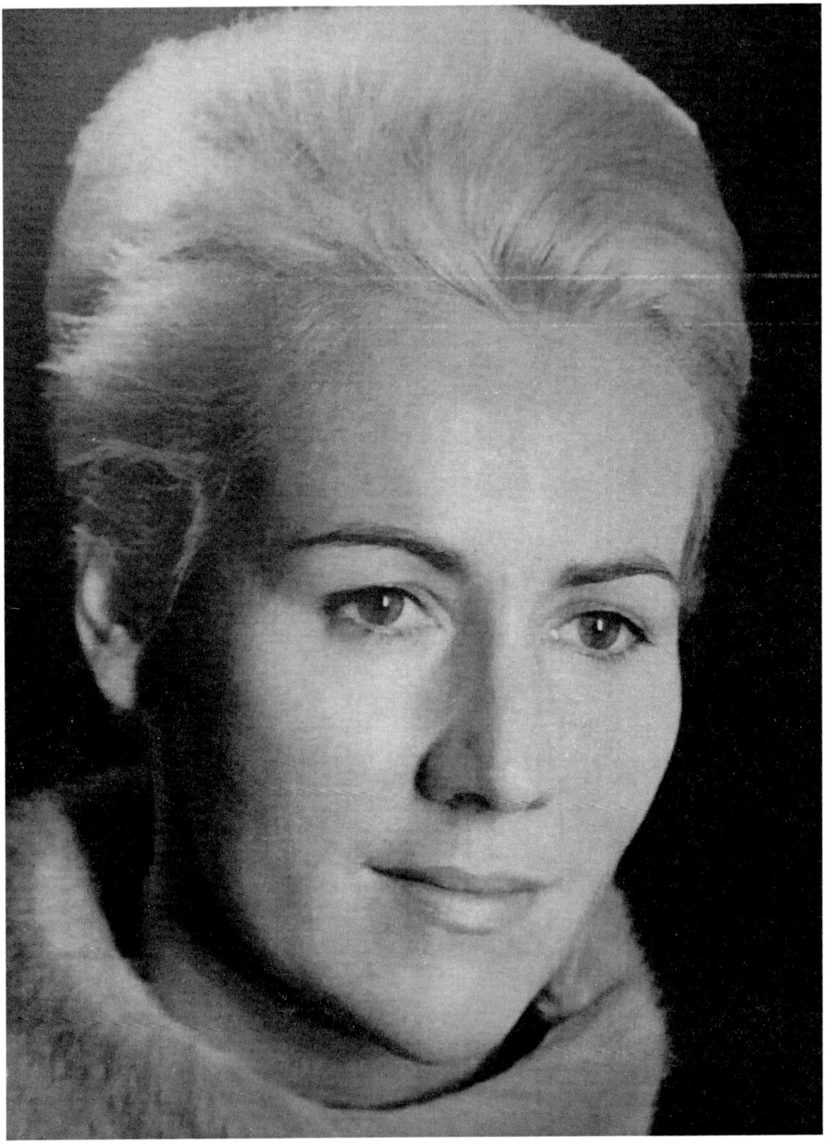

Herzlichen Dank an alle, die an dem Buchprojekt mitgearbeitet haben, insbesondere an Marion Musenbichler für Satz und Layout sowie an Petra Werling, die großzügig den lichtvollen Engel des Titelbildes zur Verfügung gestellt hat. Ebenso ganz wichtig ist Heike Haripriya Bayrasy, die den Text so liebevoll in Form gebracht und das Buchprojekt mit unendlicher Geduld aber auch mit Humor begleitet hat, was mich immer wieder ermutigt, beeindruckt und berührt hat.

„Ein Engel, der mit Liebe, Gold, Harmonie und Transformation verbunden ist und ebenso mit dem Universum und der Mutter Erde – einfach mit allem (auch ohne Worte). Ausdrucksstark sind auch alle mit hellem Strahl erleuchteten Chakren. Von diesem Bild geht eine unheimliche Kraft aus und dennoch strahlt es Ruhe und Geborgenheit aus, ein lichtvoller Sog, in dem man träumend verschmelzen könnte und man kann Heilung damit verbinden.

Spüren Sie mal rein, was Sie so empfinden und lassen Sie sich verzaubern."

Falls Sie Fragen oder Anregungen zu diesem Buch haben, wenden Sie sich bitte an:

Katharina Schmidt
Lahnstraße 10, D-68167 Mannheim, Tel. Nr. +49/621 22451